“学雷锋”系列读本

xue lei feng xi lie du ben

雷锋的故事

江华◎编　著

内蒙古出版集团｜远方出版社

图书在版编目（CIP）数据

雷锋的故事 / 江华编.—呼和浩特：远方出版社，2012.5

ISBN 978-7-80723-688-7

Ⅰ.①雷… Ⅱ.①江… Ⅲ.①雷锋（1940 ~ 1962）– 生平事迹 Ⅳ.①K825.2

中国版本图书馆 CIP 数据核字（2012）第 086743 号

雷锋的故事

编　　著　江　华
责任编辑　托　雅
出　　版　远方出版社
地　　址　呼和浩特市乌兰察布东路 666 号
邮　　编　010010
发　　行　全国新华书店
印　　刷　北京中达兴雅印刷有限公司
版　　次　2012 年 6 月第 1 版
印　　次　2012 年 6 月第 1 次印刷
开　　本　710mm×1000mm　1/16
印　　张　10
字　　数　120 千字
印　　数　1~5000 册
定　　价　18.00 元

雷锋

为人民服务

毛泽东

▲1963 年 3 月 5 日毛泽东同志题词：向雷锋同志学习。

谁愿当一个真正的共产主义者
就应该向雷锋同志的品德和
风格学习。

邓小平

▲邓小平同志为雷锋题词

学習雷鋒同志
弘揚雷鋒精神
江澤民
一九九〇年三月廿一日

▲江泽民同志为雷锋题词

▲“雷锋事迹大型原创摄影作品展”的现场人潮涌动。（杨景武　摄）

▲当年的“小乔”在“雷锋事迹大型原创摄影作品展”的现场，接受记者的采访。（杨景武　摄）

学习雷锋好榜样

1= G $\frac{2}{4}$

洪 源词
生 茂曲

5· 3 2 1 | 5 – | 1 2 3 | 5 – | 5· 3 | 2 3 5 | 1 6 3 |

1.学 习雷 锋 好 榜 样， 忠 于 革 命 忠 于
2.学 习雷 锋 好 榜 样， 艰 苦 朴 素 永 不
3.学 习雷 锋 好 榜 样， 毛主 席的 教 导 记 心
4.学 习雷 锋 好 榜 样， 毛泽 东 思 想 来 武

2· 0 | 3 5 | 6· 5 | 3 5 | 2· 3 2 1 | 6 3 | 2 2 1 |

党。 爱 憎 分 明 不 忘 本， 立 场 坚 定
忘。 愿 做 革 命的 螺 丝 钉， 集体 主义 思 想
上。 全 心 全 意 为 人 民， 共产 主义 品 德
装。 保 卫 祖 国 握 紧 枪， 努 力 学 习

6 1 | 5 0 | 5· 3 | 6 5 | 6 2 3 | 5 0 ‖

斗 志 强， 立 场 坚 定， 斗 志 强。
放 光 芒， 集体 主义 思 想 放 光 芒。
多 高 尚， 共产 主义 品 德 多 高 尚。
天天 向 上， 努 力 学 习 天天向 上。

提起雷锋，许多人都能联想到歌曲《学习雷锋好榜样》，这首歌以其特有的旋律和激情，感染着一代又一代人。

目　录

Contents >>>

第二章　奉献最幸福/29

第三章　干一行，爱一行/57

第一章

人民的好儿子

伟大的党啊，您是我慈祥的母亲！我所有的一切都是属于您的，我要永远听您的话，在您的身下尽忠效力，永远做您忠实的儿子。

凡是脑子里只有人民、没有自己的人，就一定能得到崇高的荣誉和威信。反之，如果脑子里只有个人、没有人民的人，他们迟早会被人民唾弃。

——《雷锋日记》

雷锋，一个光辉的名字。他是党的忠诚战士，时刻牢记党的宗旨，自觉把个人的命运与党和人民的事业联系在一起，处处以国家、民族和集体利益为重。雷锋这个名字，之所以会在历史长河中焕发着耀眼的光彩，都是因为他那无比高尚的精神品格。

苦难的家庭

1940 年 12 月 18 日，湖南省望城县安庆乡简家塘的村子里，一户贫穷农民的家庭里诞生了一个男孩，家人为他取名叫雷正兴，乳名庚伢子。这个男孩就是我们故事的主人公——雷锋。

雷锋的祖父叫雷新庭，湖南望城县人。雷新庭靠租种地主土地过活，终日辛勤劳作，却所获无几，难以维持全家生计。他中年丧偶，独自一人拉扯年幼的儿子和两个女儿，因为实在没有能力抚养，他只好把两个女儿送给别人做童养媳（幼女受人领养，长大成人为人儿媳者）。这位老人受到地主的无情剥削和高利贷的残酷压迫，最后由于操劳过度，导致患上了重病，不能起床。1941 年冬天，地主到家里催租，高利贷又上门要债，家庭状况苦不堪言。在这种情况下，老人身体急剧恶化。最终，老人在过年的喜庆日子里痛苦地离开了人世，终年不到 60 岁。

雷锋的父亲叫雷明亮，1907 年出生在湖南省望城县安庆乡。和自己的父亲一样，雷明亮也在家耕地种田。

望城，与毛泽东的故居韶山冲之间的距离不远，只有 100 多公里。青年时期的毛泽东曾在望城进行过多次革命调查工作。雷明亮曾经参加过毛泽东领导的湖南农民运动，成为农民协会中的一员。他拿起武器，打土豪，分土地，轰轰烈烈地加入到土地革命的洪流当中。

在那个年代，由于日本的侵略和国民党的消极抗日，使得中国的局势动荡不安，广大人民都生活得十分艰难。1938 年，国民党军队火烧长沙，雷明亮遭到殴打，严重受伤，出现吐血的情况。回到自己的家乡后，迫于生计，雷明亮不得不靠做零工维持全家的生活。但不幸的是，他又受到日本兵的毒打，旧伤还没有好，又添新伤，再加上沉重的生活负担，身体每况愈下。雷明亮在 1945 年春天的时候，离开人世，当时

年仅 38 岁。他走了，抛开了生活的重负，丢下只有 5 岁的庚伢子。

雷锋的母亲，原名叫张元满，1910 年生于湖南省长沙县凝港，是一个铁匠的女儿。因父母没有能力抚养，她被送到长沙育婴堂，后来被人抱回家抚养。在六七岁时，她被送到雷家做童养媳。张元满和雷明亮结婚以后，乡里乡亲都叫她“雷一嫂”。“雷一嫂”前后共生下三个儿子，分别是雷正德、雷锋和三伢子。她曾给资本家做过女工，给地主做过佣人，还做过裁缝，受尽了欺辱和人间的苦难。

雷锋的哥哥雷正德，乳名再伢子。父亲去世后，为减轻母亲的负担，他去了一家资本家开的厂子里做童工。每天干活长达十几个小时，一个 12 岁的孩子怎么能受得了呢！没过多久，雷正德得了肺病，整个

◎雷锋故居

人神志恍惚。屋漏偏逢连夜雨，因为劳累过度，他在机器旁边昏倒后失去了知觉后，手和胳膊被机器压伤了，无情的资本家没有给予任何补偿，反而把他从工厂开除。12 岁的雷正德悲痛欲绝，一路乞讨，经过七天七夜的长途跋涉才回到家。小雷锋终于把哥哥盼回来，别提有多高兴，冲妈妈喊着："妈妈，哥哥回来了，哥哥回来了！"

妈妈急忙迎出来，看到儿子整个人瘦得跟干柴一样，手和胳膊还用一块破布包着，全身从上到下都沾满污垢，直到看见他的眼睛转动，才知道是个活生生的人！妈妈看到儿子这般模样，不禁一把抱住他，失声痛哭……

母亲情绪平静下来后，给小正德包扎伤口，打开破布，一股臭味扑鼻而来。原来，伤口没有及时清理，已经出现了溃烂，甚至都生蛆虫了。此时此刻，母亲伤心欲绝，家里已经欠下很多债务，哪还有钱给儿子治病疗伤啊？万般无奈之下，母亲只能烧香拜佛，希望自己的诚心诚意能感动神灵，救救她可怜的儿子。除此之外，还能做些什么呢？

由于一直得不到治疗，雷正德的伤口开始恶化，肺病也更加严重了。这个 12 岁的男孩过早地承受了生活带给他的种种苦难。他在这样的年龄，承担了本不该承担的一切啊！小正德最终还是没能忍受住贫穷和疾病的折磨，在 1946 年的一个春天永远地离开了这个世界。雷锋的母亲已经失去了丈夫，现在又失去了儿子，悲痛万分。

福无双至，祸不单行。雷锋的哥哥刚刚离去，年仅 3 岁的弟弟三伢子在母亲温暖的怀抱里也随哥哥而去。两个儿子的离去，给母亲带来极大的打击，她忍受不了这样的折磨，最终选择了悬梁自尽，当时她只有 37 岁。

一个孤儿

短短几年之中，雷锋的父母、兄弟一个个相继离世，只剩下成了孤儿的雷锋。乡亲们都很同情、可怜这个孩子。善良的六叔奶奶收留了他。六叔奶奶家也是贫苦家庭，懂事的雷锋不想成为别人的负担，经常自己偷偷去要饭。

这个苦难的童年，在雷锋的记忆里将难以磨灭。他曾说过："我家里很穷，父母、哥哥、弟弟都死在民族敌人的手里，这血海深仇，我永远铭记在心。"还曾说："那时我虽年纪小，对那些野兽般的帝国主义和黑暗的社会是那么入骨的痛恨。那时我真想，要是有亲人来搭救我，我一定要拿起枪，粉碎那些狗豺狼，为爹娘报仇!"

如今，雷锋儿时的伙伴兼小学同学谢迪安已经过了古稀之年，我们通过他的回忆，能看到一个更真实、更鲜活的雷锋。

当年，谢迪安和雷锋还是邻居呢！两人经常一起玩耍，形影不离。上小学时，雷锋学名叫雷正兴，两人是同班同学兼同桌。如今已七十多岁的老人回想起儿时的经历，仍然记忆犹新。

据谢迪安回忆，两人第一次见面时，雷锋笑容满面，很热情。当时谢迪安就住在雷锋家隔壁的一间茅草屋里，每当他哮喘病发作，就会不分白天黑夜地咳嗽。一次雷锋来到谢迪安的家中，走到床前，把自己的名字告诉了他，还询问他的名字。两人就这样认识了。

小时候的雷锋很调皮，他们两人曾经一起下水捞鱼、上山砍柴，还爬到树上掏鸟窝。尽管会被母亲责骂，但他们仍会偷偷去玩。有一次，他们俩在山上挖野笋，那个害死雷锋母亲的恶霸阻止他们，说山是他家的。雷锋和仇人理论一番，最后两人打了起来，由于雷锋手脚利落，最后竟把恶霸打得狼狈逃窜。

雷锋的母亲雷一嫂，在这位儿时玩伴的印象中，非常慈爱、善良，而且贤惠、美丽、能干。从小，雷锋就知道孝敬母亲，母慈子孝，生活虽然艰苦些，却也能勉强维持下去。贤惠、善良的母亲经常受到地主、恶霸的纠缠。生活的种种折磨，逼迫她选择离开这个世界。1947 年的中秋节晚上，大家赏完月后，都准备回家睡觉。雷一嫂把小雷锋托付给雷锋的六爹，让小雷锋在他家睡一晚，自己回一趟娘家。谁曾想到，雷一嫂选择了上吊自尽。

第二天，谢迪安听到了隔壁小雷锋的哭声，他看到雷锋跪在门前不愿起来。雷锋的亲人都已经离开了人世，只剩下他一个人了。

为革命贴标语

解放之前，雷锋曾为解放事业做出过自己的贡献。

1948 年，雷锋 8 岁。一天，小雷锋正在做家务劳动，周满叔来了。小雷锋迎上前去，问："周满叔，有什么事吗?"

周满叔悄悄告诉他："庚伢子，今天晚上有个重要任务，我们准备到镇里贴标语，你也跟我们一起去吧。"雷锋欣然应允。

雷锋赶到了镇里，这时，和周满叔一同前来的另外一个人也到了。周满叔看了看四周，从竹箩筐里拿出一沓标语交给小雷锋，并嘱咐说："在贴的时候一定要注意，不要让人发现了，注意保护自己！"说完他们开始分头行动。

雷锋谨慎地瞧了瞧周围，见没什么人，便打开标语，忙碌起来。此时小雷锋的心情紧张而兴奋，想着这也算是为革命事业做贡献了吧。

第二天，当人们看到墙壁上、电线杆上都贴满了"毛主席万岁！""中国共产党万岁""解放全中国"等一张张大标语时，都震惊了。一时镇里议论纷纷，这个重大新闻使老百姓内心充满了喜悦。他们仿佛看

到了希望一样，脸上挂满了笑容。有人欢喜有人愁，一张张的标语，就像一个个炸弹一样，震动了敌人紧张的神经。

小雷锋看到此情此景，一种成就感油然而生。他心里充满了自豪，觉得自己干了一件轰动世界的“大事”。

当上小团长

解放军来到了雷锋的家乡。他们来的时候，打着鲜红的旗帜，唱着嘹亮的歌声，场面很壮观。

雷锋早就不止一次地听乡亲们说起共产党，说起毛主席领导的军队。他们说只有共产党才能解救贫苦的人。此刻，传说中的“救世主”来了，雷锋自然十分激动。他听从解放军的吩咐，让做什么就做什么，而且还和年龄相仿的通讯员混熟了。

雷锋很想进部队，就直接找到解放军叔叔，告诉他们自己想当兵。解放军同志问他为什么，他不禁热泪盈眶，回答道：“我要替爹娘报仇!”

小雷锋的回答震惊了在场的人。因为年龄太小，雷锋不能参军。解放军了解了雷锋的苦难童年后，同意让他加入儿童团。就这样，雷锋成为了儿童团的一名团员，一个小战士。他和其他的团员都非常积极，暗地里监视那些土匪、地主的举动，当土匪有什么搞破坏的阴谋时，他们就去报告给解放军同志。

当雷锋得知一群特务要搞反革命运动的消息后，他立刻把这个紧急又重要的情况报告给当地的解放军情报员。情报员接到消息，立刻组织革命力量，并秘密进行了周详的布局。最后那些特务全部缴械投降，解放军大获全胜。

小雷锋在这次行动中立了大功。他受到了解放军叔叔的表扬，并被任命为儿童团的团长。

雷锋心里乐开了花，他对共产党和解放军更加信任和感激了。于是他下定决心，要投入到革命的洪流当中去。

16 岁的公务员

解放后，雷锋在乡政府里做通讯员，他认真的工作态度和优异的表现赢得了乡领导的认可和称赞。

1956 年的下半年，望城县需要一名交通员。此时的望城县路况不怎么好，交通很不方便，很多都是靠县里交通班的交通员来传达文件。为了缓解交通员紧缺的情况望城县领导便派了一名女干事去找一个合适的人来担任这个职务，需要再招一个人来。

这位女干事来到安庆乡，她看到雷锋聪明机灵的样子，便与雷锋交谈起来。她向雷锋询问家里的情况时，雷锋伤心不已，便把自己的几本小册子拿来让她看。册子里面写满了雷锋经历的种种苦难和遭受的种种折磨，这位干事看完以后，内心久久不能平静。

雷锋还跟她说自己想继续求学，好报答祖国；但他更想参加工作，利用休息的时间自学成才。

这位女干事很同情雷锋的遭遇，同时也觉得他是个不错的人才，但因为雷锋的个子不够高，不知道能不能录用。

女干事回到县里后，向领导汇报雷锋的情况，并表示希望能录用雷锋。领导有一点疑惑，不知道矮小的雷锋能否胜任交通员的工作。干事提议：“能不能试一下，先让雷锋做领导的公务员呢?”领导点头同意了。

于是 16 岁的雷锋带着简单的行李，来到望城县县委报到。他要报答党、报答毛主席的愿望实现了，他要开始自己新的人生之路了。

雷锋在县委工作认真，积极上进，勤奋好学。开会的时候，他端茶

◎望成县委机关干部欢送县委书记张兴玉升调湘潭地委任职的合影，前排左二为雷锋。

倒水，清扫卫生。要是开会时间延长，他就一直忙到深夜。到吃饭的时候，雷锋就帮着食堂的师傅送饭。只要是忙碌的地方，总能看到雷锋的身影。不久，雷锋被评为模范工作者，还参加了县里的业余文化补习学校，完成了初中课程。

小学毕业的他，是多么渴望继续上学啊！但他想到：乡里的钱是大家的，不能只供他一个人读书啊！于是只好放弃继续升学。现在，雷锋不但是一名革命工作者，而且还完成了初中学业，他是多么的幸福啊！

为祖国炼钢铁

1958 年 10 月下旬，鞍山钢铁厂到雷锋所在的农场招青年工人。由于鞍山又冷又远，很多人都不愿意去。雷锋却积极主动向领导表示自己想去的意愿，并得到了同意。

1958 年 11 月中旬，雷锋和他的同伴们从湖南出发，前往鞍钢。途经武汉时，雷锋和几个同伴去参观了长江大桥。新中国成立以前，长江上没有一座大桥，交通十分不方便，人们只能通过轮渡过江；直到新中国成立以后，才于 1954 年底建起了万里长江第一桥——武汉长江大桥。

雷锋来到长江大桥，抬头仰望，心情很激动。一同来的其他人都为长江大桥的壮观感慨不已。据雷锋的同伴回忆，那天太阳初升，江边的风吹拂着，他们走在武昌的街头，高大的建筑和雄伟的长江大桥，让他们目不暇接。雷锋想象着为祖国炼钢的场景，感到无比的自豪，忽然，他说道：“……下层铁路桥是钢铁造的，上层公路桥也是钢铁造的，这需要多少钢铁呀！”接着又说：“这是我国新建成的第一座长江大桥，以后在长江、黄河还要建很多座这样的大桥，全都需要钢铁，将来成为一名钢铁工人的我们得倍加努力！”

雷锋的一番话，激励了即将成为钢铁工人的同伴们，他们看到的不仅仅是长江大桥，还有将来许许多多的钢铁“建筑”。他们即将成为光荣的钢铁工人。

◎1958 年，雷锋在去鞍钢的途中，途经武汉，在长江大桥的留影。

穿上军装

1960年1月7日，雷锋实现了他的参军梦。这一天，他终身难忘。

“这天是我永远不能忘记的日子，这天是我最大的荣幸和光荣的日子。我走上了新的战斗岗位，穿上了黄军服，光荣地参加了中国人民解放军。我好几年来的愿望在今天终于实现了，真感到万分地高兴和喜悦，这就是我一生中最大的幸福。”

这是雷锋发自肺腑的话。

1959年的冬天，国家开始征兵了。这一天，雷锋特地跟钢铁厂的领导请假，去报名参军。雷锋走进辽阳市人民武装部的办公室，告诉负责人说他想当兵，但有人说他个子不够高，不能应征入伍。

负责人抬头看了看雷锋，个头确实不够，便说道：“不够条件到这儿，来也没办法呀。”雷锋答道：“中国人民解放军把我从旧社会中救了出来，我想当兵保家卫国，这也是我义不容辞的责任。我想到祖国的前线、到国家最需要人的地方保卫祖国。”

这位负责人听后很佩服，心想：这个年轻的同志，竟然说出这番有志气的话来。于是便同意了解一下详细情况再做决定。雷锋似乎看到了一丝希望。

在了解到雷锋的苦难后，又得知他用不怕苦难、积极进取的精神努力工作，这位负责人很受感动。第二天雷锋迫不及待地来到辽阳人民武装部办公室，表明自己的决心。雷锋一直以来梦寐以求的事情就是当兵，为祖国、为人民服务。同时他还带来了一份申请书。

申请书中写道：

“……参军！是我从小就有的愿望，人民解放军不仅是一个革命团结友爱的大家庭，而且还是个培养青年的革命大学

不要被自己的弱小所迷惑，也不要因为命运的强大而惧怕，信念会让你有着不可战胜的力量。现实者，屈从于命运而活着，但却不会创造生活；创造生活的惟有那些信念坚定的人！

◎名人名言——(俄)沙拉维耶夫

校。现在我的愿望就要实现了，怎么叫我不高兴呢！……

光明伟大的党啊！您挽救了我，给我吃的、穿的，还送我念书，加入了光荣的青年团，参加到了祖国的工业建设，一天天成长起来。

伟大的党啊！您是我慈祥的母亲，要是没有您我很难想象到自己的一切。今天您需要我，我一定挺身而出，不怕牺牲和一切困难，永远忠于党，忠于人民……，我要把自己可爱的青春献给祖国最壮丽的事业！作一个真正的共产主义革命战士，粉碎帝国主义！早日解放台湾。”

这封充满热情和真情的申请书打动了武装部的所有人，他们觉得雷锋真是个难得的人才，有心让他入伍。但按照当时的规定，有两个条件必须符合要求：第一是年龄，差一天就不能应征入伍；第二是政审表必须全部盖章。雷锋已经 19 岁了，年龄合格，但由于种种原因，雷锋的政审表的章盖得并不全。

眼看着其他新兵都穿上新军装了，雷锋心里甭提有多着急了。武装部的负责人也替雷锋多方做工作，最后，雷锋的参军申请总算批准了。在新兵出发的前一天晚上，雷锋才收到军装，一颗忐忑不安的心终于踏实了。

1960 年 1 月 8 日，雷锋踏上了新的征程。

与农民一起劳动

一次，雷锋所在部队到山区执行任务。

雷锋带领着全班的战士，一边紧锣密鼓地执行任务，一边抽空帮助乡亲们干活。他们有时到田里帮忙，有时帮助乡亲们扫院子，有时帮助乡亲们挑水、掏粪等等。这些小小的举动，让乡亲们备感温暖，直夸战士们是他们的贴心人。

春天的山谷里，到处绿意盎然，生机勃勃。乡亲们都在田野里忙得热火朝天。这一天，雷锋执行完任务，又保养好汽车后，顾不上休息就往田间地头上跑。他对正在耕田的王大爷喊道："王大爷，我来帮帮您吧！"

王大爷看雷锋刚出车回来，满脸汗水，就劝道："雷锋，你也累了一天了，赶紧回去歇着吧！我这儿，你也帮不上什么忙。"

"那就让我学着犁田吧！"雷锋不听王大爷的劝阻，恳求道。

"哎呀，你光摆弄汽车就够忙的了，还学犁田干什么啊？"王大爷不愿雷锋那么辛苦，就婉言拒绝了。

雷锋不甘心，就在旁边看着王大爷如何扶犁，如何驾驭耕牛。他边看边请教，有时还认真地模仿一下。王大爷看雷锋如此上心，便将犁杖和牵牲口的绳子递给他，对他说："看你那么喜欢，就学学吧！"

雷锋高兴地一把接过王大爷手里的东西，扬起鞭子，学着王大爷的样子，开始犁田。可是，牲口不听他的使唤，边走边啃田边的嫩草。雷锋握不稳犁杖，用力不均匀，犁出来的地，深深浅浅，沟也是弯弯曲曲。一趟下来，累得他满头大汗。

"王大爷，这可真没有我想象的那般简单。"雷锋对王大爷说道。

"比你倒腾那汽车还难？"王大爷捋着胡子，乐呵呵地说道。

◎翻了身的农民愉快地在田里劳动

“那可不，这东西在手上，压根就不听使唤。”雷锋愁眉苦脸地说道。

“其实啊，这耕田和开汽车是一样的，都需要掌握技巧，还需要你的耐心。”说完，王大爷便在一旁耐心地指导雷锋。

雷锋开始放平心态，在王大爷的指导下，用心地学习犁田技术。不大一会儿，雷锋便觉得顺手了，地翻得越来越好。王大爷在一旁看着，不由自主地对雷锋竖起了大拇指：“雷锋，好样的！”

雷锋听了王大爷的话，干得更起劲了，一直持续了两个小时。王大爷在旁边招呼道：“雷锋，歇一会儿吧！”

“大爷，我不累。”雷锋说完，又接着耕地，直到帮助王大爷耕完整块地。

后来，只要雷锋闲着，他就会跑到田野里，帮助大家翻地。田野的上空飘荡着雷锋与乡亲们欢快的谈笑声……

有借有还

一次，雷锋和助手乔安山驾驶汽车给施工部队送东西。回来，路过一个依山傍水的小山村时，车子不小心陷进了泥坑中。他们想尽各种办法使出浑解数，都无法将汽车从淤泥中开出来。

夜幕渐渐降临了，山村里静悄悄的。助手小乔慌慌张张地问道："怎么办？天马上就要黑了！"雷锋看着陷进去的车轮，对小乔说："别着急，我去附近的村里借根木棍，撬起车轮就行。"他让小乔守在汽车旁，自己就向附近的村子跑去。

雷锋来到村头的一家农户家里，走进院子，正好看见一个老大娘在喂鸡。他礼貌地向老大娘问了声好，并说明了来意。

老大娘上下打量了一下雷锋，见他是个穿着军装的小伙子，本想借给他，可是心里又有些担心，便说道："我又不认识你，凭什么借给你啊？再说了，天马上就黑了，你们用完了不还给我，我去哪里找去啊？"

雷锋连忙向老大娘解释道："放心吧，大娘，我们是解放军战士，从来不拿群众的一针一线。我一会儿用完了，肯定会还回来。如果我弄坏了，就照原价赔给您。"

老大娘见雷锋面带焦虑，又说得如此诚恳，便答应借给他。雷锋连忙谢过老大娘，便扛着一根如碗口般粗细的木棍，快速地跑回汽车趴窝的地方。

"小乔，赶紧上车发动！"雷锋冲小乔喊道，自己将木棍顶在车轮的下后方。等车子发动了，雷锋赶紧使劲，试图将车轮从泥潭中顶出来。他们费了九牛二虎之力，终于把车轮从泥潭中弄了出来。雷锋擦了擦汗，正准备回去还木棍时，车子突然熄火了。小乔在驾驶室试了好几次，都无法启动。

◎乔安山同志在“雷锋事迹大型原创摄影作品展”现场接受采访(杨景武　摄)

“怎么回事？”小乔坐在驾驶室里，十分着急。

看着越来越黑的天，雷锋心里也着急了。他放下手中的木棍，钻到车底下，准备修车。可是，他们没有带手电筒，车底下一片漆黑，什么也看不见，无法修车。

“完了，难道我们要在山林中露宿吗？”小乔哭丧着脸说道。

“不会的，我一定尽快修好汽车。你再仔细检查一遍，我到村子里再借盏油灯过来。”雷锋安慰着小乔，扛起木棍，再次跑向老大娘家。雷锋见大娘家的窗户中透出些光亮，知道大娘还没有睡觉，便轻轻地敲了敲门。

“谁呀？”大娘的声音在屋里响起。

“大娘，是我。我把木棍给您送回来了。不过，我还需要跟您借盏灯。”雷锋回答道。

这时，老大娘打开门，见雷锋满脸脏兮兮的，关切地问道：“小伙子，你们的车还没有修好吗？”

“是的，大娘。我们出来得匆忙，没有带照明的工具，想跟您借盏煤油灯。等车修好了，我再给您送回来。”雷锋焦急地说道。

“好吧，小伙子。”大娘这次爽快地答应了。因为，她看见雷锋非常守信用地送回了借的东西，便相信他了。

雷锋举着这盏煤油灯，回到了发生故障的车子旁。他在这盏灯的照明下，终于修好了车子，连夜赶回到了部队驻地。

第二天一大早，老大娘起床开门一看，昨天晚上借给雷锋的煤油灯放在窗台上，里面装满了煤油。

人民代表

1961年的春天，对雷锋来说是一个不平常的季节。因为，在这个充满生机的季节里，雷锋光荣地成为了一名人民代表。

当雷锋的手紧握“人民代表证书”，看着上面的“雷锋同志当选为抚顺市第四届人民代表大会代表”这几个大字时，眼角不知不觉地湿润了。

那段时间，抚顺市的军民正兴高采烈地选举人民代表。按规定，雷锋所在的部队要选出一名人大代表。政委韩万金这几天正为这个人选发愁呢。

一天上午，本溪路小学的一位老师，带着两名学生来到雷锋所在的运输连，向部队表达了要推举雷锋作为人大代表的意愿。运输连赶紧把这个情况告诉给团部。政委韩万金听说后，堆积在心里的几天的愁云，一下子就散开了。他对运输连的同志说：“雷锋为人民群众做了不少好事，人民群众推举雷锋为人民代表，可谓是众望所归啊！我们工兵团也推举雷锋为全团的代表。”

随后，政委韩万金召集人筹备选举大会。

正式选举人民代表大会的那天，全体官兵在操场上集合。

◎雷锋日记　　一九六一年三月×日

凡是脑子里只有人民、没有自己的人，就一定能得到崇高的荣誉和威信。反之，如果脑子里只有个人、没有人民的人，他们迟早会被人民唾弃。

“我们推举雷锋同志为抚顺市第四届人民代表大会的代表，大家有没有意见?”

“没有!”全体官兵异口同声地回答道。

雷锋在部队的表现是大家有目共睹的，因此大家对这个决定没有任何异议。

雷锋不禁泪流满面，他在心底里暗暗发誓：请领导和战友们放心，我一定不会辜负大家的期望，一定好好履行人大代表的职责，为人民办好事、办实事。

直到人民代表大会召开的那天，忙碌的雷锋才算消停下来。他将开车的一些要领和注意事项一一交代给战友，这才放心地向大会会场走去。

开会前，雷锋将大会发下来的相关文件仔细阅读了一遍，不禁诗兴大发，写下一首短诗：

过去当牛马，今天做主人。
参加代表会，讨论大事情。
人民有权利，选举自己人。
掌握刀把子，专政对敌人。
衷心拥护党，革命永继承。
哪怕进刀山，永远不变心。

会议进行到第三天，主要是代表发言。轮到雷锋发言时，他心情激动地走上台，犹如当年小学毕业典礼那天的演讲一样。他眼神坚定地面向所有人大代表，用充满激情的语气说道：“作为一名由人民选出来的代表，我决定不辜负人民对我的期望。为此，我要鼓足干劲，更好地为人民服务。同时，我也要努力学习，时刻提高警惕，保家卫国，做人民的好战士!”

台下雷鸣般的掌声，久久地回荡在礼堂上空。

加入共产党

1960 年 11 月 8 日，雷锋正式成为一名光荣的共产党员。为了这一天能早日到来，雷锋付出了许多努力。

从少先队员，到共青团员，雷锋一直以一名共产党员的标准严格要求自己。他希望自己能早日加入中国共产党。在工厂当工人期间，他就写了一份入党申请书。不过，组织上一直在考验他。他没有气馁，仍旧一丝不苟地严格要求自己。因为他一直忘不了望城县委书记与自己聊天的那一幕。

那天，张书记趁休息时间，跟雷锋讲自己的经历。当张书记说到自己入党的那一段时，雷锋忍不住打断了他，雷锋带着羡慕的眼神，问道："张书记，您是怎么入党的啊？"

"组织上批准的啊。入党那天，还要宣誓呢！"张书记答道。

雷锋很羡慕张书记，希望自己能够早日成为党员，经历那个神圣的宣誓仪式。为此，他一直努力着。

到了部队后，雷锋再次向连党支部递交了入党申请书。经过连党支部的考虑和研究，决定先委托指导员对雷锋进行培养，如果合格的话，就能够批准入党了。当雷锋听到这个消息时，他的心里比蜜还要甜。

指导员找到雷锋，先让他仔细阅读党章，熟悉党章里面的内容。雷锋十分庄重地接过党章，心里暗暗发誓，一定要尽快地把这里面的内容放进心里。随后的几天，雷锋总是抽时间学习党章内容，不折不扣地做好笔记。

没过几天，雷锋找到指导员，把党章还了回去。指导员好奇地问道："怎么这么快就把党章还回来了？里面的内容都记住了吗？"

雷锋自信地说："放心吧，指导员，我都记住了。"

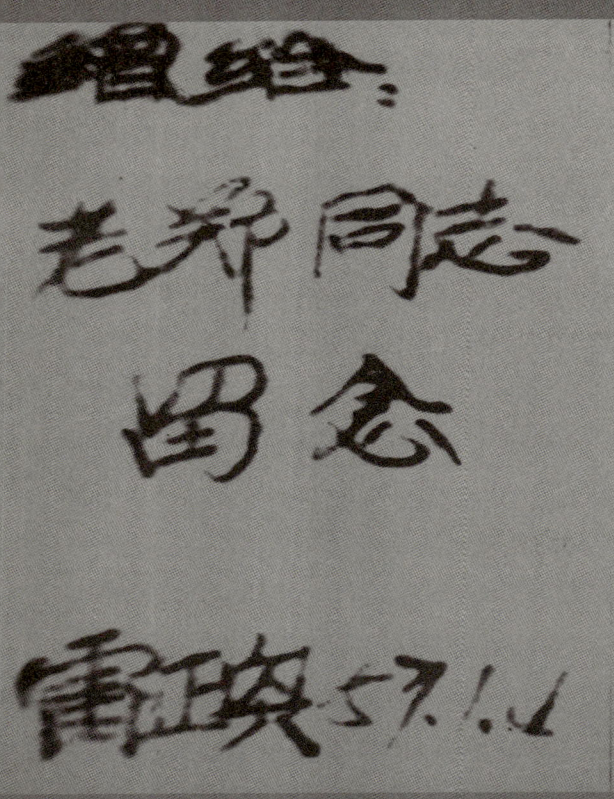

◎雷锋送给望城县委书记张兴玉妻子郑桂兰的照片，背面写着：赠给老郑同志留念。注：雷正兴是雷锋的原名。

指导员有些不放心，对雷锋说："那你背给我看。"

雷锋认真地背了起来，居然一字不差。指导员对雷锋的表现十分满意。

经过一段时间的学习和培训，雷锋的思想觉悟有了很大的提高，顺利地通过党组织的考察，光荣地加入了中国共产党。

成为党员后的雷锋，每时每刻都按照党章的标准严格要求自己，并用实际行动体现着自己对党的热爱和尊敬。

雷锋把交党费看得十分庄重神圣。每到交党费的那天他都要提前把

整齐的纸币准备好，然后郑重地交给负责收党费的同志。按照规定，像雷锋这样的新党员，每个月只须上交 5 分钱的党费。可是雷锋每次都上交 3 毛或者 5 毛。他常说："交党费是每个共产党员应尽的义务。每个党员都应当尽职尽责地履行，要永远对党组织怀着一颗忠诚的心。"此外，雷锋还经常参加党组织的活动，从不缺席。

《苦孩子，好战士》

雷锋的年纪不大，却有着丰富的人生阅历。

雷锋在成为一名优秀的解放军战士之前，曾历经过各种困苦，也曾在各个岗位工作过，奋斗过。他当过公务员，当过农民，当过工人，体验过各种生活，了解各阶级人民的疾苦。

雷锋的童年是在旧社会的黑暗中度过的。他 7 岁的时候就成了无依无靠的孤儿。直到 1949 年，雷锋的家乡解放，雷锋才从黑暗的生活中逃脱出来，迎来了新生。在党的关怀下，雷锋上了学，学到了知识，后来又当上兵，开始了他所向往的生活。

雷锋知道是党、是国家给了他新的生活，让他重获温暖。所以，他一直秉承着高尚的道德观念和精神追求，他严格律己，热爱祖国、热爱党，坚持社会主义信念。

1960 年底，雷锋的模范事迹和先进思想被编辑成文，发表在报刊上。这篇文章取名为：苦孩子，好战士。

《苦孩子，好战士》发表后，反响很大，各地部队相断邀请雷锋去作报告。雷锋的报告对部队展开"忆苦思甜"、"学习毛主席著作"的活动起到了积极作用。

雷锋应邀到沈阳、旅大做报告时，向广大战士讲述了在旧社会，自己的家庭所遭受的悲惨境遇，讲述解放后共产党给予他的新生活。讲他吃过的苦，讲他尝到的甜。但这并不是一场对旧社会的激愤控诉，更像是一种诉说，一种分析。通过新旧对比，摆实事、讲道理，并且宣扬了奋进向上的精神。

雷锋给大家讲述自己阅读毛主席著作的体会。他将毛主席的语言，用自己的思考表达出来，升华为一种高尚的觉悟。雷锋在党的引导下，确立了正确的政治立场。并且他以此为出发点，抛掉个人的仇恨观念想问题、做事情，不让自私狭隘的观念影响自己的成长和发展。

雷锋对毛主席的著作有着深刻的理解。他时常研读毛主席的著作，并且认真分析、思考，希望能最大限度地理解其中的深意。雷锋通过不断的学习，把朴素的阶级情感上升到了理性认识，用正确的知识和信念让自己强大起来。

雷锋可以说是新旧两种社会制度的见证人，是阶级压迫和社会解放的亲历者。他爱憎分明，可以清楚辨别人的善与恶，知道谁值得拥护，谁应该遭到唾弃。他讲究看问题要从现象看本质，不要片面地对待问题。雷锋曾在自己的日记中这样写道：

看问题不仅要看现象，还要从现象中抓住本质。

有人说南方的地主剥削农民轻些，北方的地主狠些，这都是不正确的。张三地主是活阎王，李四地主是笑面虎，天下乌鸦一般黑。

◎《苦孩子，好战士》连环画选页

雷锋的报告让人印象深刻，发人深省，许多听了报告的战士受益匪浅。战士们从雷锋的报告中认识到共产党与共产主义的先进性，只有社会主义制度的国家，人民才会真正的当家作主，过上好日子。

意外离世

1962 年 8 月 15 日上午 8 点多钟，雷锋同他的助手乔安山驾驶的 13 号卡车迎着小雨从工地回来。

因为道路泥泞，车上到处都是泥土。雷锋让乔安山将车开到空地上，打算对车子进行清洗保养。在转弯的时候，左后轮突然打滑。汽车猛地冲进了路边的小沟里，碰断了一根晾晒衣服的杆子。杆子正好砸在雷锋的右太阳穴上，雷锋当场昏倒在地。

乔安山赶忙跳下车子喊道："班长！班长。"

战友们陆续赶到出事地点，急忙用担架把雷锋送到附近医院抢救。雷锋出事的消息很快上报给领导，很多首长都来到医院。可是抢救最终也没能换回雷锋的生命。雷锋同志因公殉职年仅 22 岁。

8 月 17 日，抚顺市礼堂中召开了隆重的追悼会。

雷锋，这个只有 22 岁的年轻班长，一生没有丰功伟业，没有做出过像董存瑞舍身炸碉堡一样的壮举。然而，就是这样一位平凡的解放军战士所做的平常的事，在人们心中留下了不可磨灭的印迹。他的意外去世，让所有人感到惋惜。

在追悼会上，来了很多雷锋生前辅导过的学生，他们看着躺在面前的雷锋叔叔，心中充满了悲伤。各行各业的人都来参加雷锋的追悼会，会场内外摆满了花圈。来的人越来越多，屋子挤不下了，就站在院子里。会场外面布置有临时的扩音喇叭。喇叭里广播着雷锋生前的事迹：

1956 年，雷锋小学毕业以后，当过通讯员、公务员，并且多次被评为“工作模范”。

1960年，雷锋参加人民解放军。在部队中荣立二等功1次，三等功2次，受嘉奖多次，被评为“模范共青团员”、“节约标兵”，被选为抚顺市人民代表大会代表。

……

从追悼会会场到烈士陵园的路上都站满了人。大家都来送雷锋最后一程，他们肩膀上系着黑纱，胸前戴上了白花，同车队汇聚在一起，小心翼翼地护送雷锋走完最后一段路程。

到了烈士公墓，先前已经到了的战友们挖好了墓穴。墓穴前面放着一张桌子，上面放了祭品，墓穴里面有红布，还有铜钱，这都是抚顺当地的风俗习惯。战友们小心翼翼地把雷锋的棺木从车里抬下来，平稳地放进墓穴。战友们围在周围，谁也不愿拿起手里的铁铲埋土……谁也不愿意离开雷锋，大家围在雷锋的坟墓前哀悼着。

雷锋，没有高大伟岸的身躯，却散发着巨大且永恒的魅力。

雷锋很爱美

抚顺雷锋纪念馆扩建后，增加了新的展品：皮夹克、料子裤、英格表和牛皮箱等。之前展览的，都是代表雷锋那个时代特征的物品，比如雷锋用过的掉了毛的牙刷，补过的袜子等，这些都展示了雷锋艰苦朴素的一面。新的展品，展示了雷锋不为大家所熟悉的一面。

原来，雷锋在鞍钢做推土机手时，是一名先进青年，工资较高，但他省吃俭用，一直穿着工厂发的工作服。当时和雷锋一起到鞍钢的，还有另外几个湖南老乡。他们看着雷锋从早到晚都是穿着那身工作服，觉得太“土”了。于是三番五次劝说雷锋，新社会下的工人应该有个新的形象才行。

◎雷锋的皮夹克

雷锋被说服了。他添置了皮夹克和料子裤这身行头，还得到了同事们的一致夸奖。雷锋听到后心里美滋滋的，特地穿着这身新衣服到照相馆里留了影。照片出来后，雷锋把照片寄给自己在家乡的老领导。没想到，老领导回信批评教育了他一番，要他保持艰苦奋斗的优良传统，不能忘本。

雷锋读到信后感到很惭愧。在入伍前，他穿上这身最好的衣服拍了照，并且只有这一次。雷锋从此谨记领导的教诲，再也没穿过了。这就是皮夹克和料子裤的由来。现在纪念馆展列出来，是让大家了解一个更全面的雷锋。

爱美之心，人皆有之，雷锋也爱美，只是他能克制自己，不在物质上跟别人攀比。熟悉雷锋的战友、同事都说他爱拍照，雷锋自己也懂得照相的技术。

早在 1958 年 10 月，雷锋与望城县的县委机关领导合影时，他特意把自己白色衬衣的领子翻到夹克的外面，上衣口袋里还别着一支钢笔。这在当时算是很时尚的打扮。

雷锋不仅思想进步，生活上也懂得“浪漫”。据他的同事回忆，雷锋很喜欢花，每到春天百花绽放的时候，雷锋就会到田野里欣赏一番，并采摘一些放在玻璃瓶里。雷锋还将采摘的花送给过他的同事。

通过熟悉雷锋的人的回忆，以及抚顺雷锋纪念馆的展品展示，让我们了解了一个鲜为人知的、平凡而真实的雷锋。

◎雷锋精神像映山红一样越久越鲜艳

第二章

奉献最幸福

把别人的困难当成自己的困难，把同志的愉快看成自己的幸福。

人民的困难，就是我的困难，帮助人民克服困难，贡献自己的一点力量，是我应尽的

责任。我是主人，是劳苦大众当中的一员，我能帮助人民克服困难，是最幸福的。

——《雷锋日记》

雷锋是有信仰的，信仰是心灵不可或缺的必需品，它能让生命释放热量，散发光彩。唯有崇高而又坚贞的信仰能激发个体，去超越有限的生命，追求精神价值的不朽和永恒。雷锋把敬业奉献作为自己的人生信条，爱岗敬业，勤奋工作，无私奉献，他的这种高尚的情操永远激励着

我们，激励我们服务人民，奉献社会，为国家多做贡献。

心甘情愿做“傻子”

在雷锋的日记中记载着这样的话：“有些人说我是‘傻子’，是不对的。我要做一个有利于人民、有利于国家的人。如果说这是‘傻子’，那我也是心甘情愿做这样的‘傻子’。革命需要这样的‘傻子’，建设也需要这样的‘傻子’。”

雷锋说这样一番话的原因，与一件事有关。

那天，雷锋上街办事。途中，他被一阵噼里啪啦的鞭炮声和锣鼓声吸引了。雷锋顺着声音望去，发现是望花区和平人民公社成立了。

看着群众欢天喜地的场面，雷锋被深深地感染了。他觉得，自己应该为新成立的公社做点什么。雷锋左思右想，忽然有了主意。他挤出观望的人群，快速地奔回宿舍，拿起存折，又快速地向储蓄所跑去。

雷锋一走进储蓄所，那里的工作人员都很热情地跟他打招呼。基本上雷锋每个月都来存钱，久而久之，便和这里的人熟悉了。大家都十分喜欢这个勤俭节约的年轻士兵。

“雷锋，又来存钱啦?”工作人员友好地问道。

“这回不存钱，我来取钱。”雷锋兴冲冲地回答道。

“哦，取多少钱呀?”

“你先帮我看看，我的账上现在有多少吧?”

“203 块。”工作人员快速地翻看了一下账目，回答道。

“那我取 200。”雷锋非常爽快地说道。

工作人员心里一惊，心想：平时雷锋这么节俭，这笔钱存了这么久，一下子就取这么多，大概是急用吧。他这么想着，顺便问了一下：“取这么多钱，家里急用吧?”

“家里?”雷锋迟疑了一下，接着说：“对，家里急用。”

雷锋已经许久没有听过“家”这个字眼了。从小，他就是一名孤儿。“家”对他而言既遥远又陌生。

雷锋取完钱后，就往和平人民公社跑去。他找到公社的一位负责人，说明来意：“这点钱是我的一片心意，希望您能收下。”

公社的领导一看，足足有两百块钱，说什么也不肯接受：“你在部队攒点钱不容易，这些钱还是留着寄给家里用吧！你的心意我们收下

◎雷锋的捐献纪念证书

纪念

雷正兴同志，为建立望城青少年拖拉机站积极地开展了增产节约，勤俭办一切事业，热情的捐献人民币贰拾○元○角○分正，特发予此证，以资纪念。

共青团望城县委会

公元一九五八年　月　日

了，钱就先拿回去吧!”

雷锋见公社领导推辞，有些着急，说：“部队是我的家，人民公社就是我的家。我这点钱就是留给‘家’用的。”

公社的领导被雷锋的一番话感动了，不过最后只收下了一半的钱。

剩下的一百元钱，雷锋没有着急存起来，而是捐给了辽阳水灾地区。

当时，许多人都不理解雷锋的行为，包括他的战友们也说，雷锋自己舍不得吃，舍不得穿，辛辛苦苦攒下的一点钱，说捐就捐了，实在是有些傻。

对于这些议论，雷锋从来没放在心上，他只干自己认为对的事。

多给予，少索取

雷锋在日记中坚定地写道，“我要牢记这样的话：永远愉快地多给别人，少从别人那里拿取。这种共产主义精神，我要在一切实际行动中贯彻。”雷锋给人的感觉，就像冬天里的太阳。他总是在用自己的热情感化着别人，用自己的温暖化解别人心中的苦闷。

有一次，运输连到野外拉练。战士们身背沉重的包袱，一路跑步前进。野外的道路坑坑洼洼，加上刚下过雨，一路泥泞。不一会儿，战士们鞋子就被泥水灌满了，湿漉漉的，走起路来非常难受。

一路上，雷锋一直在帮助体质弱的战友，对他们嘘寒问暖。忽然雷锋一不小心就崴了脚。虽然不是很严重，但走起路来还是隐隐作痛。

天黑了，部队就地安营。走了一天山路的战士们，十分疲惫，吃完晚饭倒头就睡。半夜，连长起来查哨，发现不远处有一点光亮。连长十分纳闷，小心翼翼地走上前去，想看个究竟，原来是一个战士正在生火烤袜子。连长仔细一看，才发现那个战士正是雷锋。

“这么晚了不睡觉，怎么烤起袜子来了?”连长关切地问道。

雷锋听到声音，抬头一看是连长，赶紧答道：“今天走了一天的山路，大伙的袜子全都湿了，我用火烤烤，明天穿起来会舒服一些。”

“你也累了一天了，赶紧去睡吧，明天还要操练呢!”连长劝说道。

雷锋呵呵一笑，对连长说：“没事，我不累。”

接着，雷锋又继续烤袜子，直到所有袜子都干了，才放心地睡去。

第二天，雷锋的脚伤还是没有好，走起路来一瘸一拐的。突然，前方一名战士倒下了，原来是他的腿受了伤，不能继续行走了。雷锋二话不说，蹲下来就要背起受伤的战士。

“雷锋放下，让其他战士背!”连长有些心疼雷锋，连忙命令道。

“连长，我来背吧!”雷锋说道。

“你看看你自己，脚已经伤了，还怎么背别人?”连长严肃地说。

雷锋见连长发怒，心不甘情不愿地让开了。后来，又有战士身体不适倒下了，雷锋还是抢着去抬担架了。连长见了之后，也拿雷锋没办法，只好任由他去。

雷锋抬着担架，感觉自己的脚伤完全好了一样，身上有一股使不完的劲儿。

“小教员”

除了在生活上照顾战友，雷锋还经常帮助战友提高文化知识和思想素质。对于这一点，与雷锋同班的小乔深有体会。

小乔在部队同样是一名好战士，除了文化水平有些低之外，其他方面都挺优秀。他是贫苦家的孩子，也没有读什么书，也不想读书，用他自己的话说：“一读书就犯困，一看到有字的东西就烦。”

雷锋了解小乔的情况后，找到小乔，耐心地对他说：“没文化可不行啊，咱们当兵的，同样需要用文化来武装自己。”

小乔知道雷锋是好意，但自己就是不愿意学习，就对雷锋说：“我天生不是学习的那块料，你就别为我操心了！”

“这是什么话？谁都有学习的天性。难道你不觉得懂点知识很重要吗？”雷锋见小乔说丧气话，进一步地劝道。

小乔认真地想了想，说：“知道啊！你看，当初学习驾驶汽车的时候，你们有文化的就是比我这没文化的学得快。知识很重要，这一点我深信不疑。不过，我没有信心，一看到字我就烦。”

雷锋见小乔学习的觉悟还是有的，只是缺乏信心，就帮着小乔制定了一份学习计划，帮助他树立信心。

小乔见雷锋如此热情，便抱着试试看的态度，跟着雷锋一起学习起来。接下来的几个月，雷锋当起了小乔的“小教员”，两人从此以后开始形影不离。

一开始，雷锋从最基础的教起。从最简单的汉字到词语，再到句子，最后到写文章。小乔按照雷锋的学习计划，一步步地进行，从中找到了学习的乐趣。慢慢地，小乔掌握的知识越来越多。到了测验的时候，雷锋找来一些题目，让小乔做做。没想到，小乔很快就做完了。雷锋一看，居然是满分。

语文这一关算是合格了，接下来便是学习数学。

小乔在雷锋的悉心指导下，基本的数学也学会了。在测验中，小乔再次拿到了满分。他高兴极了，拉着雷锋的手说：“真是太感谢你了！我这满分里面，有你一半的功劳。”

雷锋看见小乔的自信心找到了，文化水平也提高了，还主动开始读书看报，十分高兴，就像他自己拿到双百分一样。

春天般的温暖

雷锋曾说过：“对待同志要像春天般的温暖。”事实上，他也是这么做的。

雷锋在鞍山钢铁厂担任推土机手时，碰到过一个老大娘。她来找做推土工的儿子，但详细地址记错了，结果找了很长时间也没找到。雷锋看她急得团团转，上前一问才知道，老大娘已经把钱花完了，粮票也用完了，不知如何是好。雷锋不假思索地把自己的钱和粮票送给了老大娘，还去食堂买了吃的给她，并且帮忙四处打听找老大娘的儿子。老大娘感激不尽。

在鞍钢时，有一次，雷锋的一个同事生病没去上班。雷锋发现后去看望他。那个同事病得很重，呼吸困难，雷锋毫不犹豫地背上他就去医院，等他把同事在医院安顿好，已经是深夜了。

不仅如此，雷锋在鞍钢的工人宿舍时，宿舍的卫生工作基本全被雷锋包下了。他一早起床，抹桌扫地，清理垃圾，不厌其烦。而且，雷锋还会做针线活呢，宿舍里哪位同事的衣服破了，他就会帮忙缝补好，雷

对待同志要像春天般的温暖，对待工作要像夏天一样的火热，对待个人主义要像秋风扫落叶一样，对待敌人要像严冬一样残酷无情。

◎雷锋名言

锋对同事的照顾是无微不至的。

雷锋自从当兵以后，更是走到哪儿，好事做到哪儿，而且从不留名。

在部队里，常有这样的好事发生：战友出去时，留下的破袜子或脏衣服，回来时，已经变得干干净净，补得好好的。战友喜出望外，问谁做的好事，结果没人肯承认。经过询问，大家才知道原来是雷锋干的。

还有一次，雷锋发现战友的棉裤上破了一个洞，当时正是严冬。雷锋心想：总不能让这个战友穿着这漏风的棉裤出操吧，风呼呼地灌进去多冷啊！于是他把自己帽子里的衬里撕下来，给这位战友缝补好，又悄悄地放回去了。

雷锋为什么要这么做呢？他在日记中曾写道："今天可有意思，×××同志出车回来，惊奇地问这个，问那个，不知是谁给他洗了一条衬裤和一双穿得发了臭的袜子。可是没有一个人说话，究竟是谁给他洗的呢？只有我知道，但是我没有说，我觉得这是自己应尽的义务。"

有一次，新兵进行野外训练，为部队砍柴。砍柴地点离部队的驻扎地很远，都快中午了才抵达。营长宣布先吃饭再砍柴。大家早已饿得饥肠辘辘了，各自席地而坐，拿出自己带的盒饭，狼吞虎咽吃了起来。有一个战士站在那里看着大家吃饭，雷锋走过去问了一番才知道，这个战士途中饥饿难耐，忍不住把带的饭提前给吃了，所以只能眼巴巴地看着大家吃。

雷锋捂着自己的肚子，弯着腰，说道："我的胃忽然有点疼，现在吃不下去，你吃吧。"这个战士看大家吃得这么香，自己也感到很饿，没有推脱，接过雷锋递来的饭盒吃了起来。雷锋自己虽然有点饿，但他想到战士能吃得饱饱的，心里比自己吃饱了都高兴。

雷锋就是这样，宁愿让自己挨饿，也要把饭让给战友；自己省吃俭用，不乱花一分钱，在别人需要帮助的时候却会慷慨解囊，急人所急。雷锋用自己的行动把温暖传给周围的人。

雨中的好人

一天下午，雷锋请假外出办事。

傍晚时分，雷锋办完了事，便返回部队驻地。走到半道上，天气骤变。一时间，乌云不知道从哪儿冒出来，积聚在一起，天空瞬间就暗了下来。一会儿，天又刮起了大风，吹得树枝摇摇欲坠。紧接着，一个响雷响彻在云端。

不好，天要下雨了！

没带任何雨具的雷锋，看见天气变化了，就加快了步伐。

天气真像娃娃的脸，说变就变。几声炸雷响过之后，倾盆大雨就浇下来了。雷锋冒着大雨，快步向前走去。这时，雷锋看见前方有一个艰难行走的身影。他小跑几步，走上前去一看，原来是位带着孩子的大嫂。只见这位大嫂身上背着一个包袱，怀里抱着一个孩子，手上还牵着一个稍大点的孩子。母子三人的衣服全被大雨淋湿了。两个孩子在雨中，冻得瑟瑟发抖。他们深一脚浅一脚地走在泥泞的大路上，十分艰难。

“大嫂，你这是去哪儿啊？”雷锋关切地问道。

那位大嫂见是位解放军战士，便说：“我们回老家，离这儿还有十几里地呢！今天真不凑巧，赶上下雨。这可该怎么办呀？我倒没事，可苦了两个孩子。”

雷锋热心地说道：“大嫂，我送你们回家吧！这雨太大了，我来帮您抱小孩吧！”说完，就接过大嫂怀中的孩子。雷锋看着怀里的孩子，冻得嘴唇都发白了，赶紧脱下自己的军装，披在孩子身上。

由于雨势太大，山路又不好走，雷锋用了两个小时的时间才将母子三人安全地送到家。看到全身上下湿漉漉的雷锋，大嫂感动得一时不知道怎么办才好。

“解放军同志，这雨太大了，还是先避避雨再走吧!”大嫂有些不忍心雷锋再冒雨返回去。

“不了，大嫂，我请假的时间快到了，必须赶快回去，明天还有任务呢!”说完雷锋便和大嫂告别了。

望着雷锋冒雨行走的样子，大嫂感动地念道：“真是好人啊!”

小学生的“大朋友”

建设街小学坐落在雷锋所在的运输连驻地旁边。学校为更好地培养学生，希望从连队里聘请一些优秀的战士当学生的校外辅导员。雷锋知道这件事情后，主动请缨，说自己愿意到学校当“孩子王”。

雷锋利用休息时间到学校为同学们讲革命英雄的故事，讲自己连队的故事，也讲自己的亲身经历。雷锋总是用最浅显的话语，表达深刻的道理，帮助孩子们成长。一段时间下来，孩子们和雷锋打成一片。每次雷锋来，孩子们就把他团团围住，扯着他问东问西。雷锋在孩子中间的人缘极好。孩子们都亲切地称他为“大朋友”。

通常，孩子们遇到困难都会找雷锋帮忙。雷锋常把孩子们的事情挂在心上，从细微处发现问题，并且想办法帮助他们解决。

一天，雷锋在保养汽车，为汽车排查故障。两个女同学来到雷锋的驻地，找他借粪勺。原来，建设街小学正在全校大扫除。可是，老师发现粪勺坏了，于是就让她们两个来找雷锋借用一下。知道两个女同学的来意后，雷锋爽快地答应了。

就在雷锋转身去拿粪勺时，他细心地发现，两个女同学谁也不理谁，好像彼此不认识似的。雷锋心里犯起了嘀咕：她俩不会吵架了吧?

雷锋取来粪勺，准备交给她们时，发现一个没什么反应，一个勉强

◎雷锋开过的汽车

地接过去，转身就走，好像有意在“推让”。看着她俩无精打采的样子，雷锋忍不住地喊了一声：“等等！”

两个女同学停下脚步，诧异地望着雷锋，不知道发生了什么事。雷锋走上前去，接过粪勺放在地上，问道：“你们两个是不是闹矛盾了？”

两个女同学低着头，没有吭声。看来，她俩是默认了。

雷锋见状，转身走进厨房，拿出一捆木柴。一开始，他抽出一根木棍，两手使劲一折，木棍断了。接着，他又拿出两根木棍，两手又一使劲，还是折断了。最后，雷锋拿起一小捆木棍，这次无论再怎么使劲，都无法折断。

两个女同学看完雷锋的“表演”后，面面相觑。雷锋慢慢地启发她们：“为什么我一开始能折断木棍，最后却没法折断呢？”

“因为最后是一捆，木棍多了。”一个女同学抢答道。

“是啊，一根木棍容易断，两根就稍微难断一些，一捆木棍就无法折断了。所有的木棍加在一起，就好比它们都团结在一起，哪怕用再大的力气，也无法弄断。这，就是团结的力量。”雷锋耐心地解答道。

两个女同学听完雷锋的话，若有所思地低下了头。

雷锋接着说道：“你们两个之间闹矛盾，也是不团结的表现，不仅会影响各自的心情，还会影响到整个班级的荣誉。”

“雷锋叔叔，我们知道错了。”两个女同学异口同声地说道。

“那好吧，你们两个和好如初吧！”雷锋面带笑容建议道。

两个女同学带着害羞的表情，彼此道了歉，手拉着手，扛着粪勺，高兴地迈着步子向学校赶去。

雷锋望着两个女同学离开的背影，欣慰地笑了。

雷锋用自己的温暖和智慧，打动了孩子们，成为孩子们的知心朋友。孩子们也十分愿意跟他说心里话，与他分享喜怒哀乐。

为孙桂琴打气

孙桂琴是一名低年级的女同学。她个子小、身体弱，是雷锋的重点辅导对象之一。雷锋对她的关注要比其他孩子多一些。

为了帮助孙桂琴强健体魄，雷锋先是为她讲解身体健康的重要性，又教她锻炼身体的方法，还亲自带她到操场上训练，为她鼓劲打气。

除此之外，雷锋还抽空为她讲革命英雄的故事，手把手地教她写字，帮她提高学习成绩。

一段时间后，孙桂琴变得比以前活泼了，学习成绩提高了不少。孙桂琴心里十分感激雷锋，一直把他当作自己的知心朋友。遇到什么开心或不开心的事，都愿意找雷锋倾诉。

一天放学后，孙桂琴和几个同学在路上碰见了一位老大娘在运煤。看着老大娘一个人忙碌的身影，孙桂琴和几个同学赶快上前帮忙。虽然年纪小，可几个孩子干得非常认真。有的帮忙搬，有的帮忙抬，不一会儿就累得满头大汗。他们忘了手上还有黑色的煤灰，只顾得擦掉汗水，结果一个个都成了“小花猫”。

虽然有些累，但孩子们做了好事，心情特别的愉悦。

可没想到的是，大家各自回家后，却被家长批评了一顿。家长们

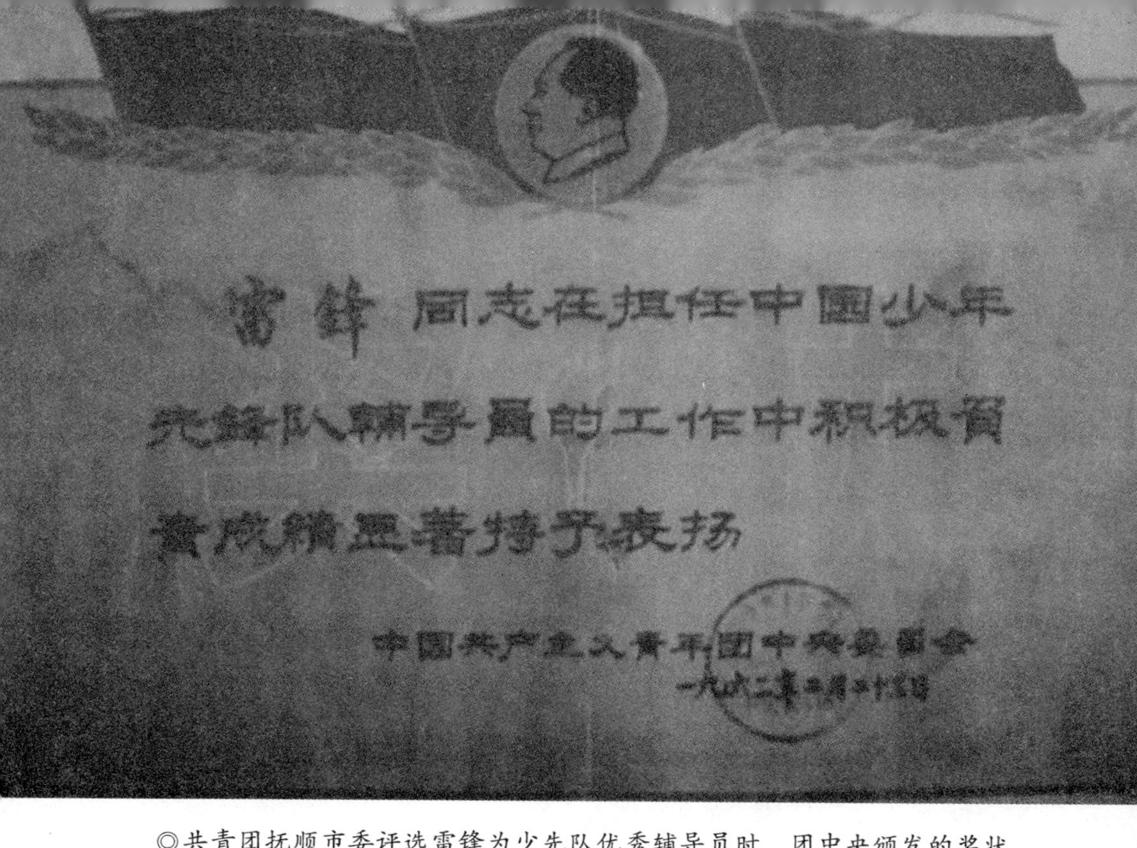

雷锋同志在担任中国少年先锋队辅导员的工作中积极负责成绩显著特予表扬

中国共产主义青年团中央委员会

一九六二年[illegible]

◎共青团抚顺市委评选雷锋为少先队优秀辅导员时，团中央颁发的奖状。

说，他们不认真学习，反而去管这些闲事，还把自已和衣服弄得那么脏。这样的话，还不如不要上学念书了。

孙桂琴心里十分委屈，她心想：平时，大人们都教育我们，要多帮助人，多做好事。可现在做了，反而受到批评，到底要我们怎么办呢？她想不明白，心里着急，就跑到雷锋那里，讲了事情的来龙去脉，当然还有心里的委屈。

雷锋听完后，耐心地宽慰她说：“就算做了好事，也不要求回报和表扬。只要是做了对人民有益的事，就应该坚持下去。”

雷锋的话让孩子们明白了许多。原来，做完好事不一定需要得到别人的夸奖，只要问心无愧就好。

从此以后，孙桂琴和同学们仍旧快乐地做着好事，不再寻求别人的赞赏，心里依然那么满足和自豪。

我叫解放军

人们常说，“雷锋出差一千里，好事做了一火车”。

雷锋到部队后经常因公出差。在短暂的旅途中，雷锋从不闲着，遇到需要帮忙的人，他总是热情地伸出自己温暖的双手。

1961年5月的一天，雷锋乘坐火车到丹东出差。途中，雷锋从沈阳换车。当他提着行李走下站台的时候，突然发现前方有一位老大娘，紧缩着眉头，满脸焦虑的表情。雷锋想：这位老大娘大概是遇到什么困难了，我得过去问问，看看能不能帮上什么忙?

雷锋走上前去，问老大娘：“大娘，你遇到什么难事了吗?”

老大娘见是位穿军装的小伙子，便回答道：“我准备到吉林探亲，可在换车的时候，发现车票没了。出来的时候，带的钱也不多，不够补票。我正发愁呢!”

雷锋一听，赶紧安慰道：“大娘，先别急，跟我来吧!”

雷锋领着老大娘来到补票处，为她补了一张票。老大娘感激得不知道说什么好，不停地追问雷锋：“同志，你叫什么名字啊？是哪个部队的？等我回去后，把钱寄给你。”

雷锋摆摆手，笑着对老大娘说：“这钱您不用还！我叫解放军，就住在中国。”说完，雷锋就告别了老大娘，坐上了开往丹东的火车。

几天之后，雷锋忙完工作，从丹东回来，又在沈阳换车。

凌晨五点钟的样子，雷锋换好了车票，提着行李往站台走去。在通往站台的一条长长地下通道中，雷锋看见一位白发苍苍的老大娘背着大包小包的行李，吃力地向前走着。他赶紧跑过去，帮助老大娘接过手中

的包袱，好心地问道："大娘，您这是去哪啊，背着这么多行李？"

老大娘喘了口气，回答道："我要去抚顺看我儿子。"

雷锋一听，自己正好和老大娘顺路，便对老大娘说："大娘，我们正好同路，这行李我帮您拿上车吧！"

老大娘感激地望着雷锋，说了声"谢谢小伙子。"

到了火车上，雷锋为老大娘找到座位，扶着老大娘坐下，自己则站在一旁。接着，又从行李包里拿出两块点心，递给老大娘。

"孩子，你辛苦了，自己吃吧！"

"大娘，我还不饿，再说我包里还有。"

"孩子，快坐会儿吧！"

雷锋为老大娘接来热水，边吃边陪着老大娘聊天。别人不知道的，还以为是母子俩呢！

通过与老大娘的聊天，雷锋知道，大娘第一次到抚顺，人生地不熟的，一时半会儿还找不到儿子的住址。于是，他在心里打定主意，到了抚顺，先帮老大娘找到儿子，再回部队。

火车到了抚顺，雷锋帮老大娘提着行李，一条街挨着一条街地寻找他儿子的住址。最后，雷锋安全地将老大娘送到了她儿子的家里。

老大娘的儿子知道是雷锋帮的忙，紧紧地握着雷锋的手，不停地说谢谢。

"不用谢，这是我应该做的。"

雷锋总是把别人的困难当成自己的困难，急他人之所急，想他人之所想。

除了在火车站、火车上帮助人，雷锋还经常在火车到站后，帮助列车员一起打扫车厢卫生，直到整列车辆干干净净，他才匆匆忙忙地赶往部队。这些事，雷锋从来没有在回到部队后到处宣扬。因为他做好事，从不求回报！

尊老，爱幼

许多人都以为雷锋是在当了兵、成为一名解放军战士之后才开始乐于助人、勤俭节约的。实则不然，雷锋还是小孩子的时候，就已经拥有了这样的品质。他尊老爱幼，助人为乐，是邻里公认的好孩子、好学生。

雷锋的家乡有一位双目失明的老大爷，大家都叫他“陈五爹”。陈五爹家里贫困，身边也没有人照顾。所以，即使他双目失明，也依旧要自己操持家务，靠卖柴赚些钱。

有一天，陈五爹又独自上山砍柴。虽然这山路已经走了千百次，但陈五爹毕竟双目失明，看不见山路，即使再熟悉，也难免发生意外。这次，陈五爹就一个不注意，一脚踩空摔到了地上，捆好的柴也散落了一地。陈五爹年岁已经不小了，禁不住摔，虽然伤势不算严重，但仍疼得他一时站不起来。

这一幕碰巧被路过的小雷锋看到。小雷锋见陈五爹痛苦地坐在地上，连忙跑过去搀扶老人，关切地问：“陈五爹，您没事儿吧？”

陈五爹用手揉了揉腿，说：“没事儿，还能走。”

雷锋小心翼翼地搀扶起陈五爹，待老人站稳后，雷锋又把散落的柴捆好背到了自己身上。就这样，小小年纪的雷锋背上柴，搀扶着老人，小心地将老人送到了家。

但小雷锋的善举并没有就此结束。雷锋从这件事发现了陈五爹的困难，就时常在课余时间帮老人砍柴、挑水。这让陈五爹感动不已。

别看雷锋那时候年纪不大，可他却像个可靠的大哥哥一样，经常帮助年龄比他更小的小同学。

有一年，雷锋的家乡发了洪水。虽然在大家的奋力抗争下，洪水很

◎1954年雷锋加入少先队，此图是目前发现的雷锋拍得最早的一张照片，在望城县照相馆拍摄。（戴杰　摄）

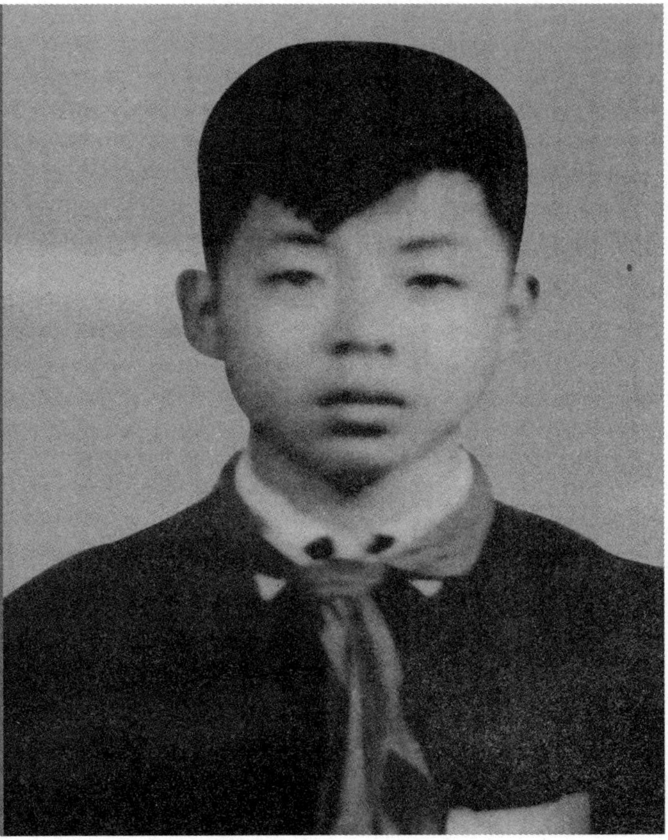

快被控制住了，但还是给家乡带来了很大的灾难。通往雷锋所读小学的一座石桥，就被洪水淹没了。虽然淹得不深，但还是有些危险。个子高的高年级同学挽起裤腿，忍耐着河水的寒意，再注意一下脚下，还是可以过去的。但一、二年级的小同学可就为难了。他们个子小，看着漫过石桥的河水就觉得害怕，谁也不敢过河。

雷锋虽然比他们年龄大，但个子并不很高。在这些不知所措的小同学的面前，雷锋油然而生出一种责任感。他走到小同学的面前，对他们说："我来背你们过河吧。"

小同学们看着这个个子不算高的大哥哥，都担心他没有力气帮他们过这条河。

雷锋像是看出了他们的担心，拍拍胸脯说：“放心吧，肯定能把你们一个个都背过去的。”

小同学们你看看我，我看看你，终于相信了这个大哥哥。雷锋挽起裤腿，弯下腰，让一个小同学趴到他的背上。感觉小同学已经趴稳了，他便小心翼翼地踏入到河水中。河水冰凉，冻得雷锋的腿都有些发疼发麻木，但他不敢松懈，小心地一步步向对岸走去。等雷锋将几个小学生一个个都背到河对岸的时候，他已经累得出了一身汗。

几个小学生看着这个个子不高，却格外可靠的大哥哥，满心感激，围着雷锋一直道谢。而雷锋，只是用手擦了擦额头上的汗，与他们挥挥手告别了。

文艺活动积极分子

团里成立了演出队，这是多么激动人心的消息，大家可以看演出啦！

你看，雷锋忙前忙后的，真是不亦乐乎，他是在忙剧务工作呢！剧务工作十分琐碎、繁杂，而且事情也多，要有一定的耐心才可以胜任。

雷锋把每一件事都认认真真地做好。从早上开始，他先给演员们烧好水，做洗漱用。当演员们辛苦排练时，他再把烧好的热水倒进碗里，每一碗都递到他们的手上。演员们排练完了，雷锋就帮他们打扫卫生，整理道具。因为排练紧张，演员们忙得都没时间洗衣服。雷锋看到后，把这些活都大包大揽到自己手上。演员的衣服、被单等都全部拿来，一件一件地洗好，叠得整整齐齐送到他们的手里。演员们非常感动，雷锋却说：“这有什么，你们排练那么辛苦，我做这些是应该的。”

其实，这里面还有一段曲折的故事。

◎军民一起联欢

原本，雷锋不负责剧务的后勤工作，而是被选为演员参加演出的。新兵训练已经结束了，新兵连召开了最后一次军人大会，宣布了新兵的分配名单。雷锋被分配到运输连，学汽车驾驶，雷锋表明了自己的态度："服从革命需要，当什么兵都行。"

军人大会开完后，雷锋找到指导员，问道："指导员，当兵学汽车驾驶，以后有上前方作战的机会吗？"指导员看了看雷锋严肃的样子，笑着说道："当然啦，在电影中，打仗时，你看到过汽车兵从后方奔跑在前方的情景吧，他们承担着运输的重要责任。怎么？你对当汽车兵有什么意见吗？"

雷锋回答："只要能上前方冲锋陷阵，什么兵都行，没有任何意见。"说完笑了笑。

指导员接着说："今天晚上有一个文艺演出，你平时写诗、唱歌那么积极踊跃，样样都行，今晚打算表演什么节目啊?”

雷锋答道：“那我就朗诵一首诗吧，具体是什么诗歌，我再好好考虑一下。”

新兵文艺演出开始了。新兵们都积极参与，以各种各样的方式表达自己的喜悦之情。雷锋热情洋溢地朗诵了一首自己新创作的一首小诗《穿上军装的时候》：

小青年实现了美丽的理想，
第一次穿上了庄严的军装，
急着对照镜子，
心窝里飞出了金凤凰。

党分配他驾驶汽车，
每日就聚精会神坚守在机旁，
将机器擦得像闪光的明镜，
爱护它像爱护自己的眼睛一样。

战友们掌声如雷，佩服雷锋的多才多艺。

在新兵文艺演出的晚会上，雷锋赢得了雷鸣般的掌声，直到睡觉前他还兴奋不已。

第二天，连里召开紧急会议，部队要开始行动，新兵随连队出发。正要出发的时候，新兵连里的通信员突然跑来，走到雷锋跟前说道：“接到连部通知，要你立刻去一趟。”雷锋忙问是什么事，通信员说他也不清楚。

雷锋风风火火地一路小跑到了连部，指导员告诉他又有新的任务等他完成。指导员话音刚落，雷锋就不假思索地说：“我立刻就跟随班长

到运输连去，全团都已经开始行动了。指导员还有别的任务安排吗？”

指导员摇摇头，笑笑说：“昨天晚上，你的诗歌朗诵团里的人听到了，非常看好你，并点名让你去参加团里的士兵演出，让你当演员呢！运输连暂时就先不要去了。”

雷锋大吃一惊，问道：“怎么会呢？”指导员笑了笑，说道：“你平时都是文艺积极分子，参加活动向来很活跃，这次安排你去做演员，不乐意啊？”

雷锋连忙回答道：“没有，没有，服从组织的安排。”就这样，雷锋开始排练表演节目。负责这次演出的助理发现雷锋很机灵，而且嗓音清亮，灵活多变，参加表演很合适。但是，下面的很多同志反映一个问题：雷锋的话家乡味太浓了，湖南口音重，听不太懂，尤其是他说话速度快的时候，根本不知道他在说什么。这个问题确实不容忽视，因为观众听不懂，演出效果就会大打折扣。

演出队的助理和其他相关负责人就一起商量，讨论如何处理这个问题。有人提议把雷锋换掉，因为普通话不是一时半会儿就能学会的，演出也迫在眉睫，时间来不及了。可是这怎么跟雷锋说呢？本来是作为演员参加演出的，雷锋做得也很认真，现在说不能上台演出了，雷锋心里会不会有意见呢？

不经风雨，长不成大树；不受百炼，难以成钢。迎着困难前进，这也是我们革命青年成长的必经之路。有理想有出息的青年人必定是乐于吃苦的人。

这时，另一个人提出了一个折中的意见，演出队里还缺一位负责剧务工作的人员，要不让雷锋来做好了。雷锋会同意吗？又由谁去说呢？真让人头疼。“要不让做宣传的同志去说吧，他很会处理问题。”于是这个“艰巨”的任务就交给这位做宣传的同志去完成但他也感到有些犯难，毕竟他不是很了解部队的生活，而且雷锋是新兵，在部队的时间也不长。他思前想后，把要谈的问题如何说，都一一想到，唯恐有不周到的地方。按照事先想好的谈话思路，他找到雷锋谈话。

雷锋听明白是怎么回事以后，便笑着说道：“好，我服从组织的安排。剧务工作，我也一定好好做。” 这位做宣传的同志心里充满了感激之情，真没想到，雷锋的思想觉悟这么高，太难得了。

雷锋没有什么不满的情绪，相反，他还是满脸笑容，积极热情地做好每一件事。

演出获得圆满成功，观众的反应非常好。雷锋虽然没能参加演出，但是别人的快乐就是他最大的幸福。雷锋坐在台下，心中早已笑开了花。

劳动是最好的良药

1960 年的夏天，雷锋所在的连队运输工作很紧，大家连续忙了几个星期，终于放假休息了，战士们都想出去放松放松。早上起床，雷锋肚子疼，吃过早饭就到营卫生所去。医生告诉他，像他这样的情况是夜里着凉了，回去吃点药，多喝开水，很快就会好的。

在回去的路上，雷锋经过一个建筑工地。那里几百个人正在那里热火朝天地忙碌着。工地的大喇叭里响着“社会主义好”的歌曲。旁边有一块牌子，上面写着：“抚顺市××某小学建筑工地”。雷锋心里想到，这里马上就要建成小学了。过去这里可是一大片的荒地。

> 人的生命是有限的，可是为人民服务是无限的，我要把有限的生命，投入到无限的为人民服务之中去。
>
> ◎雷锋名言

这时，大喇叭里传出一阵响亮的声音："同志们注意了，砌墙的同志打算加快进度，需要你们运砖的同志帮忙，他们能不能成功就看你们运来的砖块有多少了。"工地里只有两个人在运砖。雷锋想着："现在我应该过去搭把手。"这时，雷锋感觉自己全身都充满了力量，也不觉得肚子疼，义无反顾地挽起袖子跑进了工地。

工地旁边的停车场还有几辆手推车。雷锋对旁边的大爷说："大爷，借给我一辆车行吗？"这位看车的老师傅说："同志，我们的车子是工地上用的，从不外借。"

"我是用来搬砖的，是在工地上搬砖。"雷锋推起车子说。

雷锋把砖块放进自己的车里，推到砌墙师傅那里卸下，就这样一车一车地运送着。推了几车以后，雷锋的头上都是汗。他把军装脱下来放在旁边，感觉劲头更大了。

周围的工人疑惑地看着他，有人问道："同志，是谁让你来帮忙的？"

雷锋说："没人让我来，是你们的干劲把我吸引过来的。"

有位工人停下手中的活，说："怎么会是我们？我们怎么能把你吸引过来呢？"

雷锋一边用手扇着风一边说道："今天是星期天，你们都能不休息在干活，为祖国的社会主义事业干得那么起劲。这就是吸引我的原因。"

说完他又推起小车继续干活。

雷锋也数不清自己推了多少车砖，满身都是汗，衣服都贴在了身上。有一位工人拦住他，给他递过去一碗水，说："我们这里有个广播员找你。"雷锋一口气将碗里的水喝光，抬起头看见远处跑过来一个小姑娘。

女广播员打开手中的笔记本问雷锋："同志，你叫什么名字？是哪个部队的？谢谢你来帮忙。"雷锋笑笑，摇摇头，没说话。广播员激动地说："你过来参加劳动，给我们工地带来很大的鼓舞，我要写一篇稿件表扬你。"雷锋憨厚地一笑，说："这有什么好表扬的，为社会主义事业干点活儿是应该的。"

中午，雷锋没有留下来吃饭，直接回部队了。到了营房，他像平常一样，并没有对周围的战友透露自己义务劳动的事情。忽然，营房外面聚集了很多人，带头那个人手里还拿着一面锦旗，上面写着："向雷锋同志学习"。雷锋疑惑起来：他们是怎么找到这儿来的？指导员在外面喊道："雷锋，雷锋。""到！"雷锋走出来说。群众热情地把锦旗和证件交到雷锋的手上。原来是自己的军官证暴露了身份。想着上午干得太起劲了，竟然没有发现自己的证件落下了，并且自己的胃也不疼了，看来干活还是治病的良药啊！

"我的伤已经好了"

1960 年 8 月，辽宁地区连续下了几场大雨，酿成洪灾。老百姓的庄稼和房屋被洪水淹没了，人民的生命财产遭到威胁。8 月 3 日，运输连接到上级命令，要求他们迅速参加到抗洪抢险的战斗中去。连长赶快集合队伍赶往水坝。在分配任务的时候，连长照顾到雷锋的病情，打算把他留在连部值班。

> 服从革命需要，革命需要我去烧木炭，我就去做张思德；革命需要我去堵枪眼，我就去做黄继光。
>
> ◎雷锋名言

前不久，雷锋和几个战士在打乒乓球时，忽然发现窗外一栋木板房上面冒出浓烈的黑烟。雷锋他们赶忙放下手中的球拍，向营外的加工厂跑去。果然，加工厂里一栋木板房着火了。雷锋什么也没说就进去，直接拿起水盆和大家一起救火。火烧得越来越旺，几盆水浇上去等于杯水车薪，毫无作用。雷锋抓起扫把，登上房顶，去同烈火展开近距离搏斗。他的头发烧焦了，衣服撕破了，双手都被烧伤了。救火车到了以后，雷锋跳下房来，他无暇顾及自己身上的伤，和消防队员一起将大火扑灭。扑灭大火后，雷锋才去找卫生员治疗手上的伤口。

连长知道雷锋的手受了伤，没打算让他参加抗洪救险的工作，雷锋得知这个消息后，赶忙去找连长。"连长，我的伤已经好了。"雷锋撕开手上的绷带，将手伸到连长面前。在雷锋的软磨硬泡下，连长无奈，还是让雷锋去前线，要是叫他待在连部，还不知道会憋出什么病来呢。

部队到达作业地点时，已经是晚上了。外面的大雨一直下着，远处还不时传来轰鸣的雷声。运输连得到的任务是挖掘溢洪道，战士们拿着铁铲，冒着大雨跳下了车。雷锋跑到最危险的地方，用力挥动着铁铲，忘我地挖着。

突然身后传来泥土裂开的声音，一片贴在大坝上面的泥土被雨水冲刷下来，全部拍在雷锋的身上，雷锋动作灵巧地躲开了，但手中的铁锹被打掉了。雷锋跳起来抖了抖身上的泥土，由于天黑没有找到铁铲，他就用手开始挖泥，挖出一块泥巴然后扔到一旁，速度不比周围用铁铲的战士慢。没多久，他那带着烧伤的手磨破了。为了缓解疼痛，他带领大家唱起来："团结就是力量，这力量是铁，这力量是钢……"战士们的歌声传遍整个水坝，在暴风雨中回荡。

这时连长听见歌声，想起雷锋身上的伤还没好，想让雷锋去休息。于是连长让雷锋去广播室里，利用他的文艺特长给大家鼓舞士气。

"是!"雷锋只好服从连长的命令，跑向广播站。

路上，雷锋看到一个战士没有防雨工具，浑身都湿透了，立马将自己的雨衣披在那个战士身上。还没等战士回头看是谁，雷锋就已经钻进了人群。

过了一会儿，喇叭里传来了雷锋的声音。雷锋将战士们的好人好事编成快板，有腔有调地都一一夸奖一番。在暴风雨中，雷锋广播的声音铿锵有力，激励着抗洪大军勇猛战斗。宣传干事这时也来到广播室里给战士们鼓劲加油。

雷锋离开广播站就跑到器材室，领了一把铁锹，继续挖溢洪道。这时的雷锋只穿了一件军装，他在大雨中一直打着寒战。到了第二天早上，战士们都停下来吃饭。雷锋却在这时摇摇晃晃地昏倒在地上。周围的战士赶忙把他扶起来，送到卫生员那里。卫生员先给他包扎了伤口，之后又让他吃点药躺下来休息。

雷锋迷迷糊糊地躺了一个上午，出了一身汗后，他感觉好多了，身体也有劲了。雷锋急急忙忙地下床，卫生员赶快把他拦住，说什么也不让他离开。雷锋躺在床上想起小时候家乡遭遇水灾的情况："我是一名人民解放军战士，我应该在前线和敌人殊死搏斗，而不是躺在病床上被人照顾。"

雷锋趁着卫生员不注意，跳下床，抓起雨衣，冒着暴雨向溢洪道跑去。

经过七个昼夜的奋战，人民群众和解放军终于将洪水控制住。雷锋在这场抗洪救险的战斗中表现非常积极、勇敢，战士们给予了他高度地

赞扬，团首长给他记了二等功。

忙碌的星期天

春天，百花争艳，一片欣欣向荣的景象。

周末放假，战士们都很高兴，想出去放松放松。

“雷锋，咱们去旁边的公园转转，怎么样?”雷锋的战友对着雷锋说道。

雷锋举起手中的书，对着他笑了笑，意思是说我还想看书。

战友走上前，拿过雷锋手中的书，说：“休息会儿吧，要么咱们去看场电影怎么样?”然后扭过头对着同班的战士问道：“你们说好不好?”战友们十分赞同这个提议。但是雷锋怎么也不愿意去。

这个季节正是农忙的时候。雷锋想，小时候听说父亲和爷爷给地主家种地很不容易，自己现在是解放军，是新中国的建设者，有责任支援农业生产和建设。

于是雷锋看完手中的书，就拿起铁锹跑去驻地附近的生产队。

一位老大爷看到雷锋来了，便放下手中的工具，十分热情地说：

◎雷锋阅读的书

“雷锋同志，你又来帮忙了啊。今天不用出车吗?”

“大爷，我今天休息。今天咱们再忙一天差不多就弄完了吧?”雷锋停下来说。

大爷很高兴地说；“我们自己都快弄完了，你不用放假时过来帮忙了，你也好好休息休息。”

雷锋回答说：“我不累，帮助群众是解放军应该做的。我去找领导，让他给我分配任务。”雷锋一路小跑地离开。

大爷看着离开的雷锋说：“雷锋真是一个好孩子，好同志。”

雷锋这一天都和社员们在一起干活，他争着去做那些最重，最累的活。

在雷锋的日程表里，人生是没有星期天的。他的节假日，一般都安排了看书学习，在这之外的时间都用来帮助战友、帮助群众了。

◎雷锋精神洋溢着春天般的气息

第三章

干一行，爱一行

一个人的作用，对于革命事业来说，就如一架机器上的一颗螺丝钉。机器由于有许许多多的螺丝钉的连接和固定，才成了一个坚实的整体，才能够运转自如，发挥它巨大的工作能力。螺丝钉虽小，其作用是不可估量的。我愿永远做一个螺丝钉。

——《雷锋日记》

面对各种不同的环境，雷锋常以柳树和松树勉励自己。在雷锋的眼中，柳树和松树分别诠释了两种不同的精神：柳树插枝便可成荫，无心插柳柳成荫就能说明这一点。它的柔软、灵活和适应能力，到哪里都能生长、发芽。所以，人也要像柳树一样，无论到哪儿，都能为人民服

下苦功，三个字，一个叫下，一个叫苦，一个叫功，一定要振作精神，下苦功。	◎名人名言——毛泽东

务。松树不怕严寒酷暑，傲然耸立，它象征着坚强挺拔、顽强不屈的可贵精神。

雷锋把柳树的灵活和松树顽强不屈的适应能力结合在一起，他要做一个时时刻刻为人民服务的好战士。

拖拉机手

1958年的春天，雷锋已是一名中国共产主义青年团团员。他更加严格要求自己，以建设新中国和为人民服务为目标，并以实际行动加以证明。同时，由于雷锋对工作从不挑剔，祖国哪里需要他，他就到哪里去，任劳任怨，工作和劳动都积极主动。由于表现得非常优秀，他被推荐到望城县委机关工作。同样，他在县里不怕苦不怕累，勤勤恳恳踏实工作。

有一次，县里的领导得知雷锋把自己省吃俭用的钱全部捐给农场买拖拉机的事情后，对他这种热爱社会主义建设的行为大加赞赏。于是县里的领导做出一个决定：让雷锋到农场去学开拖拉机，雷锋得到消息后欣喜万分。雷锋想起当年在小学毕业的典礼上，自己要做一个好农民，一个社会主义的新式农民，现在就要如愿以偿了，能不高兴吗？

雷锋来到农场，坐进拖拉机的驾驶室里，看看这，摸摸那，感觉特别新鲜，心里充满好奇。要知道，拖拉机在当时还是很先进、时髦的。师傅看他一副马上就想开的样子，笑着说：“别着急，慢慢学，就会开

了。”于是雷锋开始跟这位师傅学习驾驶拖拉机。

每天一大早，雷锋就来到拖拉机旁，认真仔细地检查一番，把驾驶室里擦洗得干干净净。在师傅来之前，雷锋就把一切准备工作都做妥当了，师傅开始驾驶时，他就坐在旁边，认真听师傅讲解，观察师傅如何操作，然后自己在私底下反复练习。到了晚上，他就看有关拖拉机方面的书。吃饭的时候，由于他只顾看书，饭都忘了吃了，已经到了废寝忘食的境界。功夫不负有心人，他的勤奋好学终于换来了成果，短短一周的时间，他已经能轻车熟路地驾驶拖拉机了。

这一天阳光灿烂，万里无云。雷锋要独自试车了，大家都前来观看。拖拉机在雷锋的“指挥”下，非常听话。雷锋在田里干出了一番“成就”。观看的人都为雷锋拍手叫好，喝彩声一片。雷锋的试车很成功，从此，他当上了拖拉机手。

转眼夏天就要来临了，耕耘播种的日子也渐渐逼近，这意味着拖拉机手将越来越忙。雷锋与另一个拖拉机手轮流劳作，昼夜不停，总算把土地都翻了一遍。

湖南是一个多雨的地方，尤其是在夏天。这不，连续几场大雨，几乎把农场都给淹没了，拖拉机还在农场里呢。大家都很着急，他们帮忙。雷锋把拖拉机停在一个地势较高的地方。可是雨越下越大，积水越

◎雷锋当年开过的拖拉机。

来越深，拖拉机周围全是水，人都没法儿靠近。雷锋苦思冥想，忽然眼前一亮，他通过打稻用的方形木桶，划到拖拉机旁，然后进入驾驶室，再次把拖拉机开到更高点儿的地方。就这样，雷锋一整晚都在驾驶室里，把拖拉机的位置移动了好几次。

第二天，雨停了，积水也往下退了不少，趴在方向盘上的雷锋睡着了。原来，半夜的时候，雷锋看雨停了下来，就把拖拉机停在一个相对安全的位置，自己趴在驾驶室里睡着了。

学开推土机

鞍山钢铁厂到望城县来招工人了，这个消息在县里传得沸沸扬扬，也传到了郊外的农场。同时，还有另外一家湘潭钢铁厂也在招工。农场的工人们都在议论纷纷。鞍山钢铁厂在东北，离湖南这个小县城很远，而且那里很冷，南方人去了也许会很不适应。这样一比较，湘潭钢铁厂就相当有优势了，成为大多数人的首选对象。当然，大多数并不是全部，也有少数例外，雷锋就是这少数之一。

雷锋在农场干得很出色，得到大家的一致认同，但他不骄傲，不满足，仍然一如既往，虚心学习。他听到大家都在讨论去哪个钢铁厂的事情，多数不愿意去东北的鞍山钢铁厂。为此，他做出表率，站出来说道："为了祖国的社会主义建设，我愿意听从党的安排，响应党的号召，到祖国最需要的地方去。让我选，我就愿意去鞍山钢铁厂，冷不算什么。"说完这些，他又到农场的领导那里表明自己的态度，表示心甘情愿去鞍山钢铁厂。

领导听完后，觉得真是难得，尽管舍不得这样的人才，还是同意让他去了。

接下来，雷锋主动帮鞍山钢铁厂负责招工的工作人员，因为他自己

做了表率，所以劝说别人的时候也更有说服力。他鼓励大家要响应毛主席的号召，到祖国最需要的地方，做出自己最大的贡献。对那些犹豫不决、摇摆不定的同志，他耐心地给他们做思想工作。在雷锋的帮助下，鞍山钢铁厂的招工工作得以顺利完成。

去鞍山之前，雷锋圆了自己的一个心愿：到毛主席的故乡韶山参观。雷锋一直景仰毛主席，他和几个朋友一同到了韶山，瞻仰了毛主席故居，听人讲述伟大领袖毛主席的故事，心潮澎湃。

经过三天三夜的火车旅途，雷锋和其他的青年同志终于到达了鞍山。

1958 年 11 月 15 日，雷锋正式成为鞍山钢铁厂的工人，并被分配到洗煤车间。煤场的车间主任了解到雷锋的资料后，得知他会开拖拉机，而且在工作中表现很出色，于是就安排李师傅教他学开推土机。

李师傅看到雷锋个子矮小，对他能否胜任开推土机的工作表示怀疑。雷锋回答道：“请师傅放心，我能行。”李师傅看他自信满满，便点头收下了这个徒弟。就这样，雷锋开始跟着李师傅学开推土机。

从第一天开始，雷锋每天都很早就到了，很晚才回去，非常认真。东北的冬天，异常寒冷，冰天雪地，对驾驶员来说，更是一个严峻的考验，稍有差错，就会发生意外。而在雷锋看来，有困难不怕，这一切都

◎命名为『雷锋号』的 C—80 推土机。

可以克服。他勤学苦练，向师傅虚心请教，没多久就能驾车了。经过几个月的艰苦学习，他通过了考核，成为鞍山钢铁厂的正式工人。从此以后，煤场上多了一个忙碌的身影。

平时，雷锋和其他同事在用推土机运煤的过程中认真负责。用推土机推煤，有时会把地上的土带进煤堆里，这不算什么大问题，很多同事都忽视这一点。而雷锋却不这样认为，煤堆里掺进去泥土，炼成焦炭的质量会有所下降，那么冶炼钢铁的质量也会受到影响。雷锋想通过改良推土机的技术来避免带进泥土的问题。

于是，雷锋认真研究推土机，力求不把泥土带进去。这种极度认真负责的态度，感染了雷锋身边其他的工作伙伴。他们和雷锋一样，煤堆里偶尔带进一点儿泥土时，再把它拣出来，以确保炼钢的质量。

不仅如此，雷锋并没有白白浪费休息时间，他还参加了一个文化课补习班。

雷锋对工作认真负责，积极向上，同事间有人遇到困难，只要是能帮上忙的，他都会伸出援助之手。雷锋时常把自己的粮票等送给有困难的同志。

此时的雷锋还不到 19 岁，自他已经是鞍钢的先进工作者了。

抢救水泥

1959 年，鞍钢新建了一个焦化厂，厂址在弓长岭矿山的一个山区里，地理位置很偏僻。因为正在建设过程中，急需一批人。鞍钢工作车间内的工人得知这个消息后，都没什么热情，只有很少人愿意去，因为那里工作很辛苦，挑水和泥又脏又累，枯燥乏味，很多年轻人都不愿意到这里来。而雷锋主动请命，要求来这里工作。

当大家知道雷锋要求去焦化厂时，都感到很诧异。雷锋现在在鞍钢

今天，我感到特别的高兴，一天紧张工作过后，一点儿也不觉得疲劳，我感到浑身是劲，深夜了，我还坐在车间调度室里，看一本学习毛泽东同志的思想方法和工作方法的书，真使我看得入了迷，越看越使我感到毛主席的英明和伟大。

深夜11点钟了，走出门外，天黑得伸手不见五指，这时突然下起雨来了。陈调度员说，我们建筑焦炉工地上，还散放着7200袋水泥。陈调度员急得一时手足无措。……雨越下越大，这时，我猛然想到了党的教导，要我们爱护国家财产，又想到了我是一个共青团员。想到这些，一种无穷的力量鼓舞着我，急忙跑到工地，用自己的被子，并脱下了衣服，抢着盖在水泥上。后来，我又跑到宿舍，发动了20多个小伙子，组织了一个抢救水泥的突击队，有的忙着找雨布，有的忙着找芦席，盖的盖，抬的抬，经过一场紧张的战斗，避免了国家的财产受到重大的损失。这时，我才松了一口气。抹掉了头上的汗，带着乐观的心情，昂首阔步回到了宿舍，回忆自己为国家、为党做的一点点工作而高兴。

◎雷锋日记　一九五九年十一月四日

工作得非常好，是车间里大家学习的榜样，他怎么能走呢？可雷锋说："我作为一名共青团员，就是要到艰苦的地方去，没人去，我更得做出榜样，带头去。"在雷锋的一再坚持下，领导同意了他的请求。

雷锋来到焦化厂，了解工作情况后，明白这里工作的每个环节都紧密相连，不能出丝毫的差错，不然整个工程都受影响。于是他主动提出要承担起组长的重任，什么辛苦，什么累，他就干什么。冬天，这里的工作最苦，要和水泥，任务繁重，冬天这里的水冰凉冰凉的。雷锋和几个同事把这项工作包揽了下来。

一天晚上，雷锋在看书，听到外面下雨的声音，他忽然想到工地上有一堆水泥。水泥被雨水淋了，就不能用了。于是赶紧找东西把水泥盖住，但什么也没找到，最后索性就用自己的被子盖。最后被子全被雨水淋透了。

在雷锋看来，水泥比自己的被子重要多了，把水泥保护好就减少了国家的财产损失，保护了国家的利益。雷锋曾经在日记中写道："我们在建设焦化厂当中，有住不好、吃不好和工作环境不好等情况，这些困难都是暂时的、局部的，可以克服的。只要我们有叫高山低头、河水让路的气概，是没有战胜不了的困难的。"

雷锋能不顾一切地挽救国家的财产。雷锋认为，这是一个工人应该做的。

工作计划提前做

1962 年初，雷锋和全班同志，还有兄弟连的几个战友，接到一个新的任务，他们要到辽宁省铁岭石碑区进行国防工程运输。这里是山区，路况复杂、崎岖。为了一路行车安全，雷锋到了山区，对整条路进行了仔细的勘察，并在笔记本上画好了图，标上记号以及详细的路况说明。

雷锋当时是这样记录的："发车下石碑山路，经过水沟一条，土包一个，直角弯一个，到上石碑山。经横道河，过水沟一条，……过桥，上大坡，到会源堡。拐直角弯一个，走山道（有急转弯二个），过木桥，……过铁道拐急弯，过交通警两个，经铁桥，走转盘，过交通警二个，……"

雷锋和其他的战友还制定了一个"四勤、三先、五不超、六不走、

九慢”的安全措施计划：

四勤：1.勤检查，2.勤保养，3.勤督促，4.勤清洗；

三先：1.先慢，2. 先让，3.先停；

五不超：1.不超速，2.不超载，3.不超高，4.不超长，5.不超宽；

六不走：1.行车文件不齐不走，2.车辆检查不好不走，3.油料不足不走，4.人员没坐好不走，5.操纵机械有故障不走，6.没有上级的指示不走；

九慢：1.转弯慢，2.交叉路口慢，3.坡道慢，4.人员多的地方慢，5.复杂气候慢，6.过铁道慢，7.道路不熟慢，8.桥梁渡口慢，9.错车慢。

凡事预则立，不预则废。在雷锋和战友的精心计划下，车队安全地度过了每段危险路程，行程 2.6 万多公里，没有发生过一起事故。雷锋严谨的工作计划，给工作带来了极大的方便，提高了工作效率。

迎着困难前进

在部队两年多的时间内，依靠过硬的技术和驾驶本领，雷锋出车时没发生过一起交通事故。

雷锋心里有“不经风雨，长不成大树；不受百炼，难以成钢”的信念。无论面对怎样的困难，他都不抱怨，不屈服，总是迎着困难前进。他曾说：“有理想有出息的青年人必定是乐于吃苦的人。”就是凭借着这股子干劲，雷锋在平凡的岗位上做出了不平凡的成绩。

1961 年冬天，运输连接到命令：全体汽车兵，开车到新宾县执行一项新任务。

经过事先的了解，运输连的战士们知道，这是一件苦差事。从部队到新宾县，要经过的地方，路况十分不好，而且可能面临危险。

雷锋想了想，主动提出，让他的车走在队伍的最前面，为后面的车队开辟道路。连长考虑到雷锋的车技好，经验比较丰富，就答应了。

那天清晨，天刚亮，运输连的车队就整装出发了。一直到中午吃饭时间，一路比较顺利，没有遇到什么大的危险或机器故障。

下午三点的时候，车队开到了一块险地前。雷锋嘱咐车上随行的两位战友，一定要慢些开。同时，他将前方的路况，传递给后面的车队，提醒驾驶员注意路面情况。

这是一道江汉子，基本上没有路，只有一堆乱石滩，两边是一人多深的杂草和树枝。这样的路，连牛车都无法通过，更别提汽车了。

该怎么办呢?

雷锋下车探了一下路况，鼓励着战友们："困难就在眼前，我们不能就此放弃，任务必须按时完成。"随后，他找来当地的一位老乡在前面当向导，慢慢地引着汽车向前开去。

雷锋和战友们开着车，在乱石堆中颠簸着前行。道路两边的杂草和树枝时不时地剐蹭着汽车。最后，连车前灯和插在车上的旗子都剐掉了。好在有惊无险，一番周折之后，车队安全地度过了江汉子。可是，这一关刚过，车队又迎来另外一个难关，大有不让车队喘息的意思。

这回碰上的是陡坡。雷锋坐在驾驶室，加大油门，轰出大马力，可汽车就是上不来，轮子在原地打转。他一边开车，一边让战友们找些干草或树枝，放在轮子下面，增加点摩擦力。这样反复试了七次，车子才开过了陡坡。

经过这两次的折腾，大家都已经非常疲惫。可是，困难才刚刚开始，前方还有无数困难等着雷锋和整个运输连的车队。

经过一段时间的驾驶，车队来到了一个 90 度大转弯的山路上。道

我愿做高山岩石之松，不做湖岩河旁之柳。我愿在暴风雨中——艰苦的斗争中煅炼自己，不源仍在平平静静的日子里度过自己的一生。

◎雷锋日记　　一九六○年十月二十一日

路的左边和前方，都是深不可测的悬崖，右边则是又高又陡的山坡。如果稍不小心，车子就会冲下悬崖，落入万丈深渊。

雷锋对正在开车的战友提醒道："一定要多加小心！"

开车的战友紧握着方向盘，慢慢地往前开着。雷锋在一旁，一手紧握着手刹，眼睛紧盯着前方，一点也不敢松懈。最后，他们终于顺利地通过了这段急转弯。

大概在黄昏时分，车队终于开到了目的地。由于雷锋所开的车在前面开路，为后面的车队减少了不少困难。

运输连在新宾县完成任务后，车队又上路，准备返回营地。由于来时已经熟悉路况，几个危险地带也已经被摸清，所以大家都以为返回时会比较轻松。可是，难题又出现了。

车队所剩的油不多了。

雷锋对随车的战友说："先把咱们车上的油分点出去吧！"

战友们十分不解："那咱们的车怎么办啊？"

"我们的车队走在后面，等其他的车先回去，自然会派人送来汽油的。别的战士们先回去，可以早些休息，也可以少些危险。"雷锋安慰道。

车队再次经过江汉子，结果前面的一辆车陷到了泥潭中，车子熄了火，连驾驶室都进了水。情况十分危急。走在后面的雷锋，听说了之后，和几名战士商量了一下，决定先用人力马力把车拉上来。雷锋调来两辆车，又和几名战士下水，费了一番大力气，终于将车子拉上了岸。

可惜天公不作美，寒风凛冽，又飘起了鹅毛大雪。

雷锋的车行驶到一个叫木旗的地方时，车上的油耗光了。雷锋和几名战士商量了一下，准备先在木旗住上一夜，等部队送来了油再走。正当雷锋等人准备休息的时候，油送到了。同时，他们得知，一辆车爬坡时，钢板断掉了，需要借用千斤顶。雷锋没有犹豫，拿起自己汽车上的千斤顶就跑过去。他冒着大雪，走在泥泞的路上，找到坏在路上的那辆车，费了九牛二虎之力，终于将车修好。

第二天，雷锋等人拖着疲惫的身体，安全地回到了驻地。

后来，战士们回忆起那场艰难的路程时，都对雷锋竖起了大拇指。他们纷纷说道："那次的任务，路上多亏了雷锋啊!"

没有规矩　不成方圆

雷锋在日记中写着这样一句话："我们不能忘记了培养共产主义道德品质的一个重要方面，就是以自觉遵守纪律的精神来锻炼自己。"这句话一直激励着雷锋，使他在平日的工作和生活中，立志成为一个遵守纪律的好榜样。

有一次，雷锋和战友开着汽车去拉粮食。

途中，有几只鸭子晃晃悠悠地过马路，阻碍了雷锋他们前行的道路。由于这项任务比较紧急，加上路途遥远，雷锋等人在路上是一刻也不敢耽误。战友驾着汽车，看着慢悠悠的鸭子，心里十分着急。为了不耽误时间，驾驶员按起了喇叭。这一按不要紧，把鸭子吓得到处乱窜。驾驶员看到这种情况，也慌了手脚，一不小心踩到了油门，轧

死了一只鸭子。

雷锋见状，赶紧帮助驾驶员刹住了车。

“这下怎么办啊？把老乡的鸭子给轧死了。”驾驶员一脸的委屈。

雷锋安慰道：“咱们先去给老乡道歉吧，再把这鸭子的钱给赔上。”

“可是……可是，这下我们就会耽误时间，完不成任务，回去得受批评的。”驾驶员有些犹豫。

“我们做了错事，就应该承担起责任。不然，哪怕是完成了任务，还是弥补不了现在犯下的错误。”雷锋严厉地对战友说道。

于是，雷锋和战友提着那只鸭子，跑到附近的村子，挨家挨户地打听，直到找到养鸭的老乡。雷锋和战友向老乡到了歉，还赔付了鸭子的钱，这才安心地继续执行任务去了。

那是一个春暖花开的日子，雷锋带着全班战士，到一个离部队驻地很远的山区执行任务。那是一个偏僻的小山村。乡亲们看见部队开着汽车缓缓而来，高兴极了。他们为战士们腾房间，准备吃的，忙得不亦乐乎。这个宁静的小山村沸腾了，村里已经好久没有这样喜庆的事情了。

雷锋对乡亲们热情的款待十分感激，不过他还是婉言谢绝了乡亲们的好意。他对战士们说，人民群众的生活也很困难，咱们是来执行任务的，不能给当地的老百姓们添麻烦。随后，他们在村子后面的山脚下，找了一块空地，自己搭建了临时的驻地。然后，又把乡亲们送来的东西，一一退了回去。有些东西实在没法退掉的，就付了钱。

乡亲们对于雷锋等人的行为，十分感动，纷纷表示，这真是一支人民的队伍！

听到乡亲们的夸奖和赞扬，雷锋和战士们的心里比吃了蜜还要甜。

不过，别看雷锋一直是遵守纪律的好榜样。在他初到部队那会儿，对部队的纪律不熟，还是犯了一些错误的。通过那件事情后，雷锋才开始下定决心，一定要服从党的领导，服从部队的指挥，做一个遵守纪律的好战士。

刚刚成为新兵不久的雷锋，还不知道部队的规定。星期天的时候，他没有请假，直接就上街玩去了。后来，指导员知道了，找到雷锋，问道："雷锋，今天外出请假了吗?"

"没有。"雷锋如实地回答道。

"你这样做可不好啊，部队有规定，外出必须要请假。一个组织如果没有严格的纪律，就会变成一盘散沙；个人如果不严格遵守组织的纪律，就会毫无进步可言。不知道你有没有听说过邱少云的故事？他是一名军人，是我们值得学习的军人。当年，他在战场上，敌人的燃烧弹烧着了他的衣服，为了不暴露目标，他没有移动一步，一直坚持到生命的最后一刻。"

雷锋听着听着，心里越来越难受，忍不住流下了眼泪。

指导员见雷锋哭了，接着安慰道："雷锋，哭什么啊？只要认识到自己的错误，改正就行。哭哭啼啼可不是军人的作风。"

听了指导员的话，雷锋赶紧擦干了眼泪。他向指导员保证，今后一定要做个遵守组织纪律的好战士。

后来，雷锋时时刻刻以邱少云为榜样，争做遵守纪律的好战士。他不仅自己严格遵守，还带动身边的战友也一同遵守。遇到思想上有动摇的战友，雷锋主动与他们沟通，帮助他们进步成长。

第四章

进取创新，不断学习

青春啊！永远是美好的。可是真正的青春，只属于这些永远力争上游的人，永远忘我劳动的人，永远谦虚的人。

一滴水，只有放进大海里，才永远不会干涸；一个人，只有当他把自己和集体事业融合在一起的时候才能最有力量。

——《雷锋日记》

雷锋是青春的雷锋，他永远都是朝气蓬勃，力争上游。雷锋是乐观的，他在困难面前不退缩，不气馁，勇往直前，干劲十足，展现出一个年轻人自强不息、锐意创新的力量。

仅仅 20 多岁的生命就已经在人世上做了那么多的好事，最终成为令人景仰的大英雄、好模范，可以说雷锋精神对全体人类有着不可磨灭的巨大贡献。

做个好学生

1950 年夏天，雷锋 10 岁了，在当地政府的帮助下，他走进学校，成为一名学生。对雷锋来说，这是一个意义重大的事情。在吃不饱穿不暖的日子，上学是一件多么奢侈的事情啊！而他现在坐在教室里，心里感到十分幸福。

拿到新书，雷锋如获至宝，翻开第一页，就是伟大领袖毛主席的画像。雷锋难以表达自己内心的激动和感激之情，暗暗告诉自己：只有通过自己的努力学习，才能报答共产党，报答毛主席。雷锋人生的第一课就这样开始了。

这时的雷锋还叫雷正兴，他在学校不但成绩优异，还积极参加学校的活动，热爱劳动，乐于帮助同学，品学兼优，老师和同学都很喜欢他。中途，雷锋还转过学，不管离学校多远，天气如何，雷锋总是风雨无阻，从不迟到，表现都很出色。

据雷锋的小学同学回忆，雷锋当时是同学学习的好榜样。同学不管在学习中遇到什么难题，都会找雷锋帮忙，雷锋每次都会认真耐心地讲给同学听。雷锋上学从来没有迟到过，放学时天已黑了，雷锋回到家还要自己做饭吃。当时，同学们特地为雷锋编了一个非常贴切的顺口溜："小小雷正兴，家里贫又穷，赶路几十里，早到第一名，学习他很好，活动他最行。大家学习他，争做好学生。"雷锋的这位小学同学，回想起当时快要考试的时候，雷锋还帮他把要考的科目从头到尾复习一遍，不禁感慨万千。

雷锋还是学校里第一批加入少先队的学生。他积极参加学校的各种活动，当过少先队代表、鼓手、旗手等等，做得都很棒。

1956 年 7 月 15 日，这一天，雷正兴小学毕业了。他穿上干净整洁

◎1955年“六一”儿童节活动中，雷锋参加少年队日活动，担任鼓手。这是师生们在长沙烈士陵园合影，前排右一为雷锋。

的衣服，参加了小学毕业典礼，开心的同时，他又面临另一个问题，毕业后该何去何从呢？老师问他作何打算，他一时沉默不语，无言以对。此时的同学们有的直接升初中，有的准备去工人……雷锋对此一直不言不语。

毕业典礼上，校长和其他老师分别发表了讲话，雷锋饱含深情地说出了自己的心声：

亲爱的老师、同学们：

我们小学毕业了，……我决心留在农村广阔的天地里，当一个新式农民，我决心做个好农民，争取驾起拖拉机，耕耘祖国大地。将来，如果祖国需要，我就做一个好工人，为我国的社会主义工业化建设出把力。将来，如果祖国需要，我就参军做个好战士，用自己的鲜血和生命去保卫我们伟大的祖国。

同学们，让我们在不同的岗位上竞赛吧！

老师们，请你们看我的实际行动吧！

参加完学校的毕业典礼，16岁的雷锋就这样毕业了。他还想继续上学吗？对于成绩优秀的雷锋来说，这是毫无疑问的。但他面临一个很现实的问题：中学离家很远，不能每天走路到学校，只能住校，这样吃住都要花钱，乡亲们都有自己的孩子，哪有能力承担起雷锋的费用！乡长想帮他一把，但也爱莫能助。雷锋的学生生涯暂时就此结束了。

与文学结缘

雷锋喜欢写作，小说、诗歌、散文等作品都有留存，他把自己满腔的热血都融入到自己的作品中。

1958年，雷锋曾写下《茵茵》、《小说短章》和《一个孤儿》三篇小说。他的第一篇小说《茵茵》给我们讲述一个年轻女同志的故事，她爱党、爱祖国，为社会主义建设作出了自己的贡献，而且她聪明能干、勤劳忘我。

雷锋还创作了优美的诗歌和散文。他为圆自己的作家梦想，做了不少学习笔记，内容如下：

一、诗歌包括：骚、铭、赋、民歌、古诗、绝诗、律诗、词、散曲。

二、民歌特点：语言精练，含义深远，内容丰富，押韵，易于上口，易于流传。

三、形式分为两种：

1.叙事诗；

2.抒情诗。

这两种诗的区别：

(1) 叙事诗是描写人物的动态现象。

(2) 抒情诗是抒发作者的情感。

雷锋创作的诗歌有《南来的燕子啊》、《党救了我》、《穿上军装的时候》、《一颗红心献给党》等。1958年，雷锋曾写下《歌颂领袖毛泽东》、《以革命的名义》和《啄木鸟》等诗篇。

歌颂领袖毛泽东

河流奔腾向海洋，
海上升起了红太阳。
伟大的领袖毛泽东，
领导我们走向胜利和解放。
您领导我们生产建设，
把困难贫穷埋葬。
您领导我们战胜敌人，
把祖国变得繁荣富强。

啄木鸟

把自己当作啄木鸟吧！
用辛勤而艰苦的劳动，
为万木除病灭害，
使树木长得挺拔参天。

绿化原野，

造福人类！

……

以革命的名义

以革命的名义，想想过去；

以革命的精神，对待现在；

以革命的态度，创造未来。

雷锋在诗中提到过去、现在和未来，通过对新旧社会的对比，表达出对毛主席的无比景仰之情，对社会主义革命事业的热情和忠诚。雷锋以高昂的革命精神，对待眼前的每一项工作。

◎雷锋名言

牢牢记住，并且要贯穿到自己的生活和实际行动中去——革命的利益高于一切，处处为集体利益而不惜牺牲个人的一切。

练投弹

雷锋应征入伍后，开始加强各种训练。快要练习投弹的时候，班长特地提醒雷锋，让他做好充分的思想准备。对于个头不高、力气不够大的雷锋来说，这是一个挑战。但雷锋面对困难时，从来都是迎难而上，从不会在困难面前当“逃兵”。

严格紧张的投弹练习开始了。最初时，雷锋的成绩总是不理想，感到很吃力。雷锋想到自己当兵就是来保卫祖国的，怎么能因为几次投弹失败就放弃自己的理想呢？更何况，自己投弹不过关，还会连累全班的整体成绩。不行！要私底下多练习，一定要成为一名出色的投弹手。

雷锋经过思想上的斗争，下定决心，开始不停地练习。起初，雷锋的苦练并没有什么明显的成效，反而让投弹的距离越来越短了，这让他感到很苦恼，怎么会这样呢？此时，雷锋想到了自己曾做的笔记：在斗争最艰苦的时候，就是胜利即将到来的时候，但也是最容易动摇的时候。要想成为一个光荣的革命战士，就要经得起考验，就要坚定自己的信念。想到这里，雷锋顿时热血沸腾，来了精神，接着练习。此时此刻，他忘记了手臂的酸痛，忘记了周围的一切，忘记了时间。经过几周的起早贪黑，雷锋感觉到自己的臂膀结实了许多，比以前更有力量了。

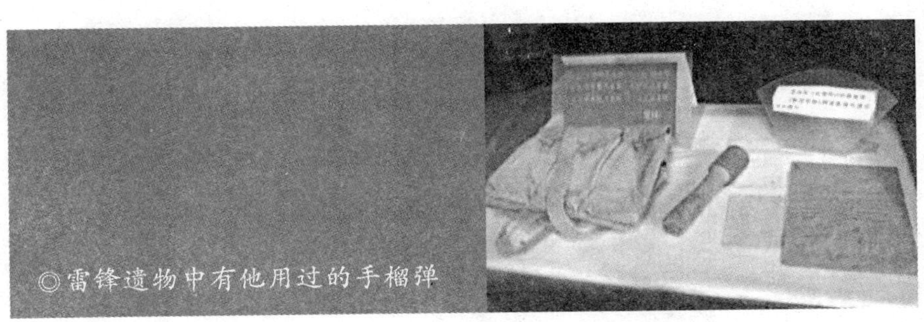

◎雷锋遗物中有他用过的手榴弹

考核投弹的那天，战友们都取得了很好的成绩。轮到雷锋了，事实证明，付出总会有收获的，雷锋这次的成绩非常优秀。听到战友们的祝贺声，雷锋谦虚地笑笑，说："我会继续努力的。"

学汽车驾驶

雷锋在运输连学习汽车驾驶，由于团里有演出任务，临时被派出去，耽误了一些时间。等雷锋回来时，战友们都已经学完了汽车驾驶的理论知识，雷锋落后不少。他心里有点儿着急，可急也没用，不能马上就试车，他只好抓紧时间学习汽车驾驶的理论知识，好赶上与战友落下的距离。

还好，雷锋以前学过驾驶拖拉机和推土机，这有助于他对汽车相关知识的理解和掌握。雷锋明白，知识与实践相结合才能学得更快，但汽车数量有限，雷锋就趁着晚上没人用车，拿着照明工具，结合理论知识，仔细观察汽车的外观构造。

经过雷锋一段时间的观察和不懈努力，终于赶上战友们的进度，可以和他们一起练习驾驶了。

由于人多车少，想多点练习的机会，只有做模型车了。雷锋和几个战友齐心协力，按照科学的方法，用两天时间就把一个模型车做好了。雷锋坐上去试了几次，终于能和真正的汽车一样正常驾驶了。经过练习，雷锋和战友们终于可以娴熟地驾驶汽车，大家都不免有些得意。

排长得知这一情况后，提出了严厉的批评，说道："开汽车没你们想象的那么简单，不是只会开就可以了。想没想过汽车在荒郊野外出现意外怎么办？真正驾驶汽车的高手，同时还是一个修理汽车的高手。"

排长的一番话，让雷锋和战友们认识到了自己的不足，学习的积极性更加高了。

◎雷锋开过的汽车

这件事过后，雷锋对汽车驾驶技术更加痴迷了。坐公交车时，雷锋两眼紧盯着司机，看司机如何操作，想象自己在不同状况下作何反应。有一次，雷锋坐部队的大卡车回驻地，车出了点状况，发动机不能正常工作了。他从驾驶窗里看见驾驶员拉了一下阻风，然后车又正常驾驶了，雷锋心里不太明白是怎么回事。

停车后，雷锋走上前去问驾驶员，为什么要拉阻风。驾驶员告诉他，这是判断发动机发生故障是油路还是电路的原因。雷锋听了很受启发，回去后，他把这个听来的驾驶经验告诉给全班的战友，使大家的认识都得到了提高。

一个冰天雪地的冬天，人呼出的气似乎立即要结成冰一样，风吹在脸上像刀割一般。雷锋和他的战友检查汽车，进行保养。战友冻得直哆嗦，手都僵硬了。他向雷锋提议，边烤火边干活。面对这样的天气，雷锋当然很想烤火取暖，可是雷锋想到，如果这种情况发生在战场上怎么办呢？在和敌人作战时，天气再冷不也要打下去吗？于是打消了烤火的念头。他对战友说：“环境越艰苦，越是要坚持住，这正是考验我们的时候！”

雷锋和战友接着干起来，专心投入到工作当中去。检查过程中，他们发现了一个火花塞帽不见了。火花塞帽很小，只有豆子一般大小，不容易找见。雷锋的战友找到一个新的火花塞帽，准备把它换上。但雷锋坚持一定得找到火花塞帽，他想，如果火花塞帽掉到气缸里了，没人知道就把车开出去，不是很危险吗？要是事故发生了，给国家造成多大的损失啊！

为了找到那个小小的火花塞帽，他们俩重新把发动机卸开仔细检查。火花塞帽果然掉落进了汽缸里。正是这种一丝不苟、尽职尽责的工作态度，让雷锋在平凡的工作岗位上做出了不平凡的成绩。

“挤时间”与“钻钉子”

一次，雷锋到电影院看电影。在电影放映之前，雷锋听到身后突然传来一位小朋友向自己打招呼的声音：“雷锋叔叔，你好！”

“哦，是小贾同学，你也来看电影啊。”雷锋扭过头来，认出是运输连附近小学的学生小贾。

“雷锋叔叔，你刚才在做什么呢？”小贾问道。

看到小贾一直盯着自己手中拿着的《毛泽东选集》，雷锋猜到了小贾为什么会提出这个问题。他微笑着回答：“电影还要一会儿才开始放映，这段时间不利用起来太浪费了，不如看会儿书。”

“雷锋叔叔，这么短的时间你能看多少？”小贾问雷锋。

“看了有五六页。看一页就多掌握一页的知识，积少成多嘛。学习就要抓紧点滴时间。”雷锋说。

雷锋就是这样利用“挤”出来的点滴时间来读书学习的。

雷锋拥有广泛的学习兴趣。他不仅勤于学习政治和专业技术知识，对文学和写作也很感兴趣，并且时常练习。不过，运输连的日常工作十分紧张，雷锋和战友几乎每天都要驾驶汽车奔波，根本没有固定的时间学习。雷锋就把书放在他的挎包里，随身携带。当停车休息时，雷锋就

……如果你是一滴水，你是否滋润了一寸土地？如果你是一线阳光，你是否照亮了一分黑暗？如果你是一颗粮食，你是否哺育了有用的生命？如果你是一颗最小的螺丝钉，你是否永远坚守在你生活的岗位上？如果你要告诉我们什么思想，你是否在日夜宣扬那最美丽的理想？你既然活着，你又是否为未来的人类的生活付出你的劳动，使世界一天天变得更美丽？我想问你，为未来带来了什么？在生活的仓库里，我们不应该只是个无穷尽的支付者。

◎雷锋日记　　一九五八年六月七日

坐在驾驶室里抓紧时间看书。

一天晚上，已经过了 11 点，指导员忙完连里的事情回去休息。在路过连队休息室的时候，他发现里面还开着灯。

指导员想：难道又是雷锋在里面看书吗？他走进去一看，果然如此。指导员说："雷锋，都已经 11 点了，怎么还不休息呀，明天还要出车呢!"雷锋赶忙站起来说："马上就回，再有一会儿就看完了。"指导员怕雷锋熬坏了身体，接着说："不行，太晚了。赶快回去睡觉。"于是，雷锋收起书，背着包离开了。

过了一段时间指导员发现休息室的灯还亮着。他一边向休息室走去，一边想着：怎么回事啊？我记得刚才关灯了。

休息室里，雷锋正在灯下专心致志地看着书。指导员悄悄地走到他后面，看见雷锋正在一本书的空白处写着东西。他写道："无数革命先烈为了人民的利益牺牲了他们的生命，为我们换来了今天的幸福。我们没有理由不好好工作和学习，没有理由不改正缺点和错误，没有理由只顾自己不顾集体，没有理由只顾个人眼前利益，而忘记了整个无产阶级的最大利益。"

指导员在雷锋身边坐下来，拿起一本《为人民服务》，翻到最后一页，上面写着："我觉得一个革命者活着，就应该把毕生精力和整个生命为人类解放事业——共产主义全部献出。我活着只有一个目的，就是做一个对人民有用的人。生为人民生，死为人民死。"

"指导员，你怎么来了？是我影响你休息了吗?"雷锋不知指导员何时来的，不好意思地说道。

指导员被雷锋的学习精神感动了，说："太晚了，你明天还要出车，早点休息吧。"

在雷锋看来，要勤动脑筋、多思考，学习东西时要"钻"进去。

知错能改就是好战士

生活中的雷锋，处处争当先进。可他毕竟是一个普通人，难免有犯错误的时候。难能可贵的是，他知错能改，仍旧是一个好战士。他曾经在日记中这样写道："认识了缺点就等于改正了一半，改正了缺点就是进步。"

一天，雷锋奉命和炊事班的小刘、小陈两名战士到农场拉菜。

他们忙活了一阵，把菜装上车时，天已经黑了。

因为农场和部队驻地离得有些远，回去的话，大概已经过了食堂的饭点。雷锋心想：小刘和小陈一直在忙，中午也没顾得上吃饭，先让他俩在农场的食堂吃了再回去吧，不然一路颠簸，那样的滋味可不好受。

打定主意后，雷锋便和农场的管理员商量了一下，叫上小刘和小陈去食堂吃饭。可是，小刘和小陈却不乐意。他们催促着雷锋："咱们还是别吃了。既然菜已经装好了，那就赶紧回部队吧！"

"就算咱们赶回去的话，也已经过了吃饭的点了。反正，农场食堂的饭也是现成的，咱们吃了再走也来得及。"雷锋劝说道。

无论雷锋怎么劝说，小刘和小陈也不想在食堂吃饭。最后，雷锋拗不过他们，只好空着肚子开车走了。三人回到部队驻地后，小刘和小陈找到指导员，打了雷锋的小报告："雷锋不和我们商量，就自作主张，非得留在农场吃饭。"

雷锋知道后，心里十分难受。他心想：我是一片好意啊，怎么反倒打起我的小报告来了？这件事闹得雷锋很不开心。一连几天，雷锋到食堂打饭，都不爱搭理小刘和小陈。

指导员了解到情况后，觉得事情严重了，便找到雷锋，决定开导他一下："雷锋，最近的思想状况不太好啊！"

◎农场劳动的场面

雷锋知道指导员想说什么，不好意思地低下了头。

“是不是还在为小刘和小陈的事赌气呢？”指导员问道。

指导员见雷锋不说话，接着说：“小刘和小陈的报告没打错。按理说，他俩是否要在农场食堂吃饭，要由他们自己决定。我知道你是出于好心，可是你没有尊重他们的想法。这样鲁莽行事，武断决定，怎么可以呢？现在你换位思考一下，假如你碰见这种事情，是否也能坦然接受呢？”

听了指导员的话，雷锋茅塞顿开。意识到自己的错误后，雷锋赶紧

找到小刘和小陈，当面向两人道歉说：“小刘，小陈，感谢你们的批评，让我意识到自己的错误。之前在农场吃饭的事情，是我的错，是我没有跟你们提前沟通。我向你们保证，以后再不主观臆断了！”

小刘和小陈两人见雷锋态度诚恳，还主动道歉，就原谅了他。

过了几天，雷锋到食堂帮忙。虽然还没到饭点，雷锋却饿了。这时，他看见一个锅里还剩下点锅巴，就顺手拿起一块吃了起来。不巧的是，雷锋的这个行为，被炊事员小刘看见了。小刘走过去，黑着脸对雷锋说道：“自觉点啊！”

雷锋见小刘语气很不友好，顿时心里就有些不高兴。他觉得，自己干了一上午活，又饿又累，吃块锅巴垫补一下，就要受到批评，简直就是小题大做。他越想越气，冲小刘说：“不就是块锅巴吗？至于这样批评人吗？”说完，雷锋就不管不顾地向宿舍走去，也不管活干完了没有。

回到宿舍的雷锋，心情开始平静下来。他的脑海里浮现一句话，那是他在阅读毛主席的著作时记下的一句话：“因为我们是为人民服务的，所以，我们如果有缺点，就不怕别人批评指正。”

雷锋一拍脑袋，自言自语地说道：“对呀，我为什么要怕别人的批评指正呢？本来食堂就有规定，不论什么东西，都不能随便乱吃。我违反了规定，小刘批评得对，我应该虚心接受才行！”意识到这一点后，雷锋赶紧跑回厨房，找到小刘，向他承认了错误。小刘也觉得自己刚才说话的方式和语气不对，诚恳地向雷锋表达了歉意。

经过这两件事情，雷锋的思想觉悟都得到了提高，他们之间的友谊也更近了一层。

小范是雷锋班里的一名战士。这名战士生活上有些自由散漫，组织纪律性不太强，经常会因为一些事情而犯错误。鉴于此，连长在大会上多次点名批评，希望他能尽快改掉这些坏毛病。可是，小范一直没有改正的迹象，反而对连长的批评颇有微词。

当时作为副班长的雷锋，找到小范，准备做做他的思想工作。谁知，小范对雷锋的好意并不领情，冷冷地回应道："少给我上政治课，我不爱听。"说完，小范就气冲冲地走了。

雷锋苦笑了一下，没有再多说什么。因为他知道，小范刚刚挨了批评，心情不是很好。如果这时候再多加劝阻，只会让事情演变得更糟。

过了几天，雷锋猜想，小范的心情应该平静下来了，就邀请小范一起到外面散步。趁着这个机会，雷锋和颜悦色地对小范说："小范，平心静气地想一想，领导批评你，其实也是在帮助你。如果大家都对你放任不管，那你岂不是不能成为一名出色的军人。再说了，没有规矩不成方圆。我们在哪儿，就得遵守哪儿的纪律。你说是不是?"

大概是雷锋的语气比较缓和，或许是小范的心情不那么激动了，这一次，小范没有生硬地将雷锋的话顶回去。他脸上的表情很平静，能看得出，他正在认真地倾听雷锋的话，仔细地琢磨雷锋的意思。

雷锋接着说："还记得咱们刚入伍的那天吗？家里的老人不停地嘱咐我们，在部队要好好地遵守纪律，好好地锻炼自己，做一名好战士。这是家里人对我们的殷切希望，我们不能辜负他们的一片心意啊!"

这时，雷锋发现，小范不知不觉地低下了头。他知道，小范已经开始意识到自己的错误了，赶紧趁热打铁，准备彻底地将小范"拉"回来。雷锋接着说："咱们都是穷苦人家出来的孩子，深知苦难是一种怎样的折磨。现在解放了，日子一天天好过起来，咱们再也不用像之前那样担惊受怕了。你有没有想过，咱们今天的幸福日子，是多少革命先辈们用鲜血和汗水换来的。现在，我们参军入伍，不用像以前那样流血牺牲了，可我们到部队的目的是什么呢？我们不是为了混口饭吃，而是为了更好地为人民服务啊！要想更好地为人民服务，咱们就必须要遵守纪律。"

这时，小范红着脸对雷锋说："雷锋，我知道自己错了。"

"犯了错误不要紧，最关键的是要及时改正。我们会帮助你的!"雷锋见小范已经知错了，赶紧安慰道。

后来，在雷锋和其他战友的帮助下，小范改掉了之前的一些坏毛病，成为班里的一名遵守纪律的好战士。

一颗永不生锈的螺丝钉

雷锋认为，螺丝钉经常保养和清洗才不会生锈。同样，人的思想和行为，也需要时常“清洗”和“保养”，即进行自我批评和反省，才能不 “生锈”。他时常严格要求自己，主动检讨自己的思想和行为，也常常主动要求别人对他提出批评和指正。

雷锋希望自己是“一颗永不生锈的钉子”。

雷锋在鞍钢当工人期间，经常受到职工大会的表扬。

一次，值班主任在大会上表扬雷锋一丝不苟的工作精神。雷锋当时没有多说什么，可心里十分别扭。事后，他找到值班主任，问道：“您为什么老是表扬我啊？我在平时的工作中也不全是优点，您还是给我提提缺点吧!”

值班主任十分不解，明明雷锋在工作中表现得十分优秀，为什么总是不愿意接受表扬呢？他好奇地问道：“雷锋，你为什么老让人给你提意见、找缺点呢?”

“每个人都有缺点，尽管我现在工作很认真，但还是有不对的地方。如果大家都不指出来，那我就没法进步了。这就好比我们炼钢，如果煤堆里有土，不捡挑出来的话，就会影响炼焦的质量。它们之间的道理是一样的啊!”雷锋解释道。

值班主任听了之后，对要求进步的雷锋更加喜欢了。

雷锋 16 岁参加工作，22 岁因公殉职。这 6 年期间，他当过公务员、农场工人、拖拉机手、推土机手，最后成为一名解放军战士。不管身在哪个岗位，他都兢兢业业，像一颗螺丝钉，拧在哪里就在哪里发光发热。

1962 年 2 月 19 日，沈阳军区首届共青团代表大会召开。雷锋受邀参加此次大会。大会上，雷锋被授予“毛主席的好战士”称号。在大会上，雷锋遇到了沈阳军区炮兵部队的炊事班班长刘思乐。刘思乐被评为“一颗不生锈的螺丝钉”光荣称号。

听到刘思乐被授予的称号时，雷锋自然而然地想到了当年自己在望城县当公务员的时候，张书记对他说过的一番话：

“别看一颗小小的螺丝钉，不怎么起眼，但是机器缺了它可不行；你现在是个小小的公务员，虽然职位不高，但是我们的工作也离不开你。”

从那时起，雷锋就下定决心像一颗螺丝钉一样，在平凡的岗位上，奉献自己的一份力量。

往事一幕幕涌上雷锋的心头……

在望城县当公务员时，雷锋为了提高自己的业务水平，常常和机关的同事们一起去业余文化补习学校上课。虽然平时的工作很忙，但他很少落课；即便是落下了课，他就设法补上。由于他对待学习十分认真，所以才在后来的考试中取得了优秀的成绩。

哪怕是一件日常小事，雷锋也能一丝不苟地对待。有一次，他到长沙出差。张书记的爱人给了他五块钱，托他在长沙买顶帽子。雷锋从长沙办完事回来后，把买来的帽子送给张书记的爱人时，还了七块钱。

“哎，雷锋，这钱不对呀？”张书记的爱人拿着那七块钱，十分不解，“我不是给你五块钱吗？怎么还倒找给我七块啊？”

雷锋笑呵呵地说：“您当时把两张五块的新票子当成一张给我了。这顶帽子三块钱，不正好找给您七块嘛！”

“哦，原来是这么一回事啊。雷锋，你可真是个好青年！”张书记的爱人不住地夸奖雷锋。

1957 年 2 月 8 日，那是一个阳光明媚的日子，雷锋光荣地成为了一

现在，我们国家处于困难时期。我们是国家的主人，应该处处为国家着想，事事要精打细算，不能今朝有酒今朝醉，明日愁来明日忧。我们要奋发图强，自力更生，克服当前存在的暂时困难，坚决反对大吃大喝，力戒浪费。

……

同志，你是否意识到您的一切生活在幸福之中？可能意识不到，也可能意识到了。当您能吃一顿饱饭，穿上一套衣服，能当家作主，自由地生活，你有如何感觉呢？有一种说不出的幸福感。这是党和毛主席给您带来的，是革命前辈流血牺牲给您带来的。

◎雷锋日记　一九六一年四月二十八日

名共青团员，同时，还被评为望城县委机关的工作模范。

大会上热烈的掌声打断了雷锋的回忆，把他拉回到现实中来。

大会结束后，雷锋找到刘思乐，与他一起探讨了“螺丝钉的话题”。雷锋激动地握着刘思乐的手，说：“你在大会上发表的那篇名为‘一颗不生锈的螺丝钉’的讲话，我深受鼓舞。不过，我觉得，要是加上一个‘永’字会更加完整和生动！作为军人，我们就应该像一颗永不生锈的螺丝钉一样，在平凡的岗位上不断进步，不断创新。”

“是啊，‘做一颗永不生锈的螺丝钉’应该成为我们军人的座右铭。从我第一次以‘螺丝钉’为题做报告起，到现在为止，大概超过百次了吧。很多人都快忘了我的本名，见到我就叫我‘螺丝钉’。哈哈……”说完，刘思乐爽朗地笑了起来。

“这是大家对你的褒奖，也是你应得的荣誉。说真的，我还挺羡慕你这个‘螺丝钉’的称号呢!”雷锋的话语中充满了羡慕之情。

“哦，是吗？那你说说看，咱们应该怎么做一颗‘螺丝钉’呢?”刘思乐向雷锋问道。

雷锋见刘思乐这样问道，便毫不保留地说出了自己的真实想法：“首先，我觉得，全心全意为人民服务的理念要记牢。其次，要真心实意地对待自己的工作。再次，要在平凡的岗位上，兢兢业业地工作，争创一流。”

刘思乐听了雷锋的话后，补充道：“是啊，螺丝钉的可贵之处，就在于它默默奉献。”

这一天，雷锋和刘思乐相谈甚欢，在“如何做一颗永不生锈的螺丝钉”的问题上达到了共识。两人分别时，雷锋在刘思乐的纪念册上，郑重地写着：“让我们一起携手，做一颗永不生锈的螺丝钉!”

钢铁是怎么炼成的

张棋，一个从小就跟母亲学绣花的湖南姑娘。十六岁时，她已经在一家湘绣厂做了好几年的手工。张棋的表哥一直想去大城市做大事，现在他有了一个去鞍钢的机会，就过来劝她同自己一道去鞍钢。家里很多人也认为在乡下绣花没什么出息。最后，她决定同表哥一起去鞍钢。

到了鞍钢化工总厂后，张棋被分配到炼焦车间学配煤。她一个“湘绣姑娘”，那双手拿惯了绣花针，不太习惯和那些肥煤、瘦煤、气煤、焦煤打交道。她心中充满了悔恨和苦闷，责怪表哥不应该把她带到鞍钢来。为了这件事情，她没少和表哥吵架，还经常哭着闹着让表哥把她送回老家。

有一次，张棋刚和表哥吵完架，心里十分苦闷。回到宿舍，她一屁

◎《钢铁是怎样炼成》的老版本

股坐在椅子上，恨不得立刻去买张火车票一走了之。就在这个时候，雷锋拿着一本书进来了。雷锋把书打开，坐在张棋的对面——那本书是《钢铁是怎么炼成的》——笑着对张棋说："你先冷静下来，不要着急。我给你读几段话，你听听看。"

"我不听，我烦得很，我不想在这里干了！"张棋烦躁地说。

雷锋耐心地说："我可是专门为你选了几段话，十分有趣的。"

张棋绷着个脸，没有说话。

"……人最宝贵的是生命，生命每个人只有一次。人的一生应该这样度过：当他回首往事的时候，不因虚度年华而悔恨，也不因碌碌无为而羞愧；这样，在临死的时候他就能够说：我的整个生命和全部精力，都献给了世界上最壮丽的事业——为人类的解放而斗争。"雷锋一边读着，一边看着张棋，发现她慢慢地对这本书产生了兴趣。

雷锋就这样一字一句地读着。张棋被感动了，她觉得雷锋不是在读主人公保尔的故事，而是在说着自己的事情。书中的每一句话都好像是从雷锋自己内心发出来的一样。她心想："我觉得我的配煤工作特别苦，特别不如意。而他的工作是冒着严寒风雪，在露天的煤场中干活啊。我的这点苦和累，和他比起来又算得了什么呢？在家乡的时候，他可是在灿烂的阳光下，温和的风中，开着拖拉机。他没有因为这里的困难抱怨过什么，总高高兴兴地工作！"

张棋对着雷锋摆摆手说："先不要读了，你先让我好好想想。"

雷锋站起身来，没有拿走那本书，对张棋说："行，就读到这里吧。这本书你可要好好地读一读，看看保尔是怎么做的，我们就应该怎么做。"

张棋仔细地读着这本书，慢慢地振作了起来。

一天，在清理作业场的时候，张棋不小心将手弄伤了。雷锋亲自给她送来一瓶药水，还带了一份已经切好的香肠和大米饭。

雷锋珍惜现在、好学上进的精神教育和鼓舞了张棋。原来她常在业余时间去俱乐部跳舞，经过雷锋的几番教导，现在的她常常约上女伴同雷锋一道去图书馆看书学习。

雷锋的一举一动给张棋留下了深刻的印象。张棋觉得，雷锋越来越像《钢铁是怎么炼成的》这本书中的保尔。他有着如同保尔一般的坚强的毅力和刚强的性格。

第五章

艰苦奋斗，勤俭节约

在工作上，要向积极性最高的同志看齐；在生活上，要向水平最低的同志看齐。

我们是国家的主人，应该处处为国家着想。

——《雷锋日记》

雷锋，永远是行动的雷锋。每一个人都可以去学，随时随地都可以去践行雷锋艰苦奋斗、敬业奉献的精神，无论你将要做的事情是大，还是小。记住，只要动起手来去做，你就是雷锋精神的传人。

节约箱

雷锋有一个普通的木箱子，那是他的“节约箱”，里面装满了捡来的破铜烂铁。别看里面的东西不起眼，关键时候还能发挥大作用呢！战友们都亲切地叫它“百宝箱”。

这个“节约箱”是雷锋用废旧的木板钉成的。平时出门的时候，他看到一些废旧的螺丝钉、牙膏皮什么的都捡回来，然后放进“节约箱”。等攒满了，就将一些能卖钱的东西拿出去卖。有一次，雷锋去卖攒下的牙膏皮子，居然卖了两块多钱。他用这些钱买了一些笔记本，送给了一个学校的少先队员。

在担任建设街小学的课外辅导员期间，雷锋常常到学校为同学们讲解放军叔叔艰苦朴素、勤俭节约的故事。他用这些故事，帮助那些爱花零钱的同学改掉坏习惯，启发孩子们从小养成节俭的好习惯。

为了进一步地让同学们了解节约一点一滴，积少成多的意义，雷锋将同学们带到部队，参观了他的“节约箱”。同学们看到“节约箱”中

◀ 雷锋的节约箱

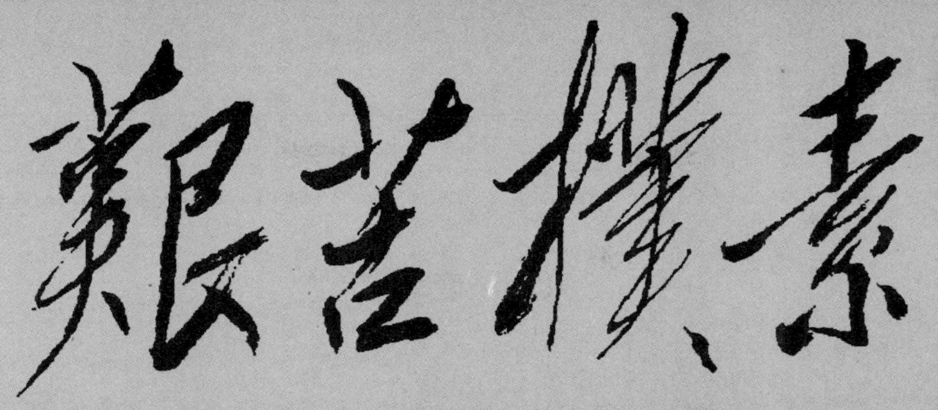

▶ 毛泽东题词

大半箱子的牙膏皮时，都十分惊讶。他们问雷锋：“这么多的牙膏皮子，哪里来的呀？”

“这些啊，都是我平时出门的时候，从路上捡回来的。比如水沟里、垃圾堆里、大路上，这些地方都能看见一些人们丢掉的牙膏皮子。”雷锋向同学们解释道。

同学们七嘴八舌，纷纷向雷锋问道：“为什么要捡用完的牙膏皮子呀？它有什么作用啊？”

雷锋回答道：“别小看这些牙膏皮子，它可以变废为宝呢！等它们回收后，经过工厂的加工，还能造出别的东西来。现在，我们国家正处在发展时期，许多东西都要靠我们大家节约，为国家节省资源、节省成本。”雷锋望着同学们认真的样子，接着说：“不光牙膏皮子，还有许多东西都能节省下来，变废为宝。”

同学们参观完“节约箱”，听完雷锋叔叔的话，纷纷表示以后自己也要学会勤俭节约，不随意浪费粮食，不随便乱花钱。

后来，同学们做了自己的“节约箱”，也积攒了不少牙膏皮子和废铜烂铁。有的同学，甚至不再向家里要零花钱。他们用实际行动，践行了雷锋勤俭节约的精神。

只领一套军装

雷锋最大的梦想就是参军入伍。

他一直很羡慕解放军战士，羡慕他们穿着笔挺的军装，英姿飒爽。当这个梦想实现时，雷锋觉得再没有什么比这更让人高兴了。

新兵训练结束后，到发军装的时刻了。雷锋和其他战士们一样，高兴地欢呼雀跃，感觉这一刻十分神圣。

“穿上军装多威风啊！要是能多发几套就好了，就算以后从部队转业，拿回家还能继续穿。”几个新兵围在一起窃窃私语，心里打着自己的小算盘。

雷锋刚好听到了他们的谈话，心里十分不舒服。但是，他没有多说什么，打算用自己的实际行动表明自己的态度。

按照规定，每个新兵可以领两套军装，两双鞋。

轮到雷锋时，他大声地对司务长说：“我只领一套军装，一双鞋就够了。”

司务长十分不解地问道：“为什么啊？部队规定，新兵可以领两

◎雷锋穿过的军装和袜子

今天部队发放了夏天的服装，本来每人发两套军服、两双胶鞋……我想，当前国家正处在困难时期，再说，我们的国家还很穷。可是党和人民对我们却还这样无微不至地关怀，使我从内心感激党和人民的关怀。党和人民对我们这样好，我们也得为党和人民着想。应该积极响应党的号召，发奋图强，自力更生，处处做到增产节约，发扬我军艰苦朴素、勤俭节约的优良传统。

为了和人民群众同甘共苦，减轻人民的负担，共同克服目前的困难，我只领了一套单军服，一双新胶鞋，其他用品也少领了。以前用过的东西，我都修补好了，继续使用。穿破了的衣服补好了再穿。我觉得就是现在穿一套打补丁的旧衣服，也比我过去披的破烂衣服要好千万倍啊！

◎雷锋日记　一九六二年五月八日

套。有的人还想多领几套呢!”

“司务长，一套就够。换洗的时候，我再穿上自己的衣服。”雷锋说道。

司务长看着雷锋身上的衣服，上面打满了补丁，颜色褪了，看起来有些年月了，就劝雷锋：“你身上的这件已经不能再穿了，还是都领了吧!”

雷锋拒绝了司务长的好意，坚定地说：“我身上这件补丁衣服比我小时候穿的已经好很多了。现在国家正是大力建设的时候，需要节约。我只领一套，剩下的一套就为国家节约了吧!”

最终，雷锋只领了一套军装。刚才窃窃私语的几名战士，听见雷锋话，都不好意思地低下了头。

补丁的故事

雷锋生活节俭，常常舍不得为自己多花一分钱。

在部队里，大家都知道雷锋的补丁袜子的故事。

这双袜子是雷锋当年在望城县当公务员时，张书记送给他的。从公务员到团山湖农场职工，从鞍山钢铁厂到部队，雷锋穿着它一路走来，经历了不少风风雨雨。这双袜子始终与他形影不离，一穿就是好几个年头。雷锋十分爱惜这双袜子，脏了就洗洗，破了就补补。经过岁月的磨砺，这双袜子已经看不见当初的花样了，只能看见一层补丁摞着一层补丁。

有一次，跟雷锋同宿舍的一位战友打扫卫生，把雷锋的袜子当成垃圾扔掉了。雷锋知道后，跑到垃圾堆那里捡回袜子，洗干净后，又继续穿上。战友们都看不下去了，纷纷劝说道：“雷锋，这双袜子实在不能穿了，你换双新的吧!”

雷锋笑了笑，说："我再补补，还是能穿的。"

见雷锋如此"固执"，大家也就不好再说什么了。

不过，接着又发生了一件让大家意外的事。

轮到雷锋打扫卫生的那天，他去倒垃圾，在垃圾堆里发现了一双又脏又破的袜子，就顺手捡了回来。战友们见他捡回来一双臭袜子，个个掩住鼻子，让他赶快扔掉。

"这双袜子比我脚上的这双还好呢，我缝缝补补，还能继续穿。"雷锋笑呵呵地说道。

说完，雷锋就把捡回来的袜子洗了洗，又拿剩下的布，补好了破洞。后来，他逢人就说："这双捡来的袜子真不错，穿着很舒服。"

结果，这双捡来的袜子又陪伴了雷锋三个月。这三个月期间，雷锋不知道又补了多少回。直到不能再补了，也没法穿了，他才将袜子洗干净，当擦洗汽车的抹布了。

雷锋就是这样一个人，平日里十分节俭，把部队发的津贴都攒了起来。可遇到别人有困难的时候，他又慷慨地全都捐了出去。

这就是雷锋，一个对自己吝啬，对别人慷慨的人。

不乱花一分钱

不管是在机关单位还是在工厂，不管是在地方还是在部队，雷锋一直不乱花钱。

那时候，雷锋刚到鞍山钢铁厂，被分配到运输班当推土机手。当时，雷锋每个月的工资是 20 元，单单就他一个人的花费来说，已经足够宽裕了。可是，他照样将钱节省下来。

食堂里的菜品齐全，花样挺多，大家每天都换着吃。可雷锋永远只喝菜汤，不舍得花钱买菜吃。唯有周末的时候，才买一个菜，改善一下生活。周末到了，工作了一个星期的工人们，大多喜欢到街上逛逛。从工厂到大街的路程虽不远，但交通挺方便，车费也才5分钱。工友们图省事省力，上街时都搭车过去。可雷锋宁可走路，也不多花一分钱。

雷锋在鞍钢的短暂日子里，连续三次被评为“节约能手”。这些荣誉可不是光靠嘴皮子说说就行的，必须要靠实际的行动来证明的。雷锋一直这么历行节约，反对浪费，这些荣誉非他莫属。

到了部队上，雷锋依旧保持着这个良好的习惯。

每个月，雷锋领到津贴，一般会留下一毛钱交团费、两毛钱买日用品和一点购置图书的钱，其余的全部存进储蓄所。就是靠着这一点一滴

◎当时的钢场工作现场

的节约，雷锋的账上总有余款。大家都笑称，雷锋是最富有的人。殊不知，这些钱都是雷锋每个月一点点地攒下来的。

雷锋在部队属于运输兵，在运输连里开汽车。有段时间，运输连的任务特别重，活特别多。大家一忙起来，就没有时间剪头发。大家互相看着对方长长的头发，不禁苦笑了一番。

这时，雷锋突然说："既然我们都没有时间去理发，那为何我们不自己理发呢？这样既节省时间又节约钱。"

这个主意虽好，可运输连里没有一个会剪头发的，大家都没抱什么希望。可是打定主意的雷锋，立马买来工具，鼓励大家相互剪头发。刚开始的时候，大家笨手笨脚的，加上没有理发的技术，剪出来的发型都十分"奇特"。大家你看看我，我看看你，忍不住地哈哈大笑起来。

雷锋见这样不行，就利用自己休息的时间到街上向剪头的师傅们学习理发技术。等他学会后，回来教给战友。慢慢地，大家不仅学会了剪头，而且技术越来越娴熟。就这样，大家再也不用为没时间上街理发而发愁了。同时，每个月还节省了一笔理发的钱。

大家纷纷夸奖雷锋，说："雷锋热情善良，还会许多东西。他教会我们后，我们的生活能力提高了，还节约了不少钱。真得好好感谢他！"

还有一次，雷锋开车带炊事班的司务长到抚顺去拉粮。中午的时候，他们到达了粮食局，正好赶上饭点，粮食局关了门。于是，雷锋一行人也只好先吃饭，等粮食局的人上了班再去拉粮。

这时，司务长请雷锋一起到饭馆去吃饭。雷锋知道这是司务长的好意，不过他认为下饭馆要花不少钱，就婉言谢绝了。然后，他自己则花了一角三分钱的公共汽车费，回到部队驻地，吃了一顿高粱米饭。

后来，运输连的战士们知道了这件事，都议论起来。有的战士在背地里讲雷锋"小气"，有的甚至说他简直是一只一毛不拔的"铁公鸡"。雷锋知道后，严肃地说："现在，我们生活确实越来越好了，相比起旧社会的苦日子已经有了很大的改观。但这并不代表我们就可以铺张浪费。”

这些战士们听了之后，再也不敢在背后议论雷锋了。

那时，国家的经济条件不好，正好赶上三年自然灾害时期。连队里的伙食没有那么好，食堂里经常只供应粗粮，战士们吃得是唉声叹气。

那天中午，雷锋和战友们到食堂吃饭。一名战士打来饭，随便往桌子上一扔，不高兴地说：“天天让我们吃高粱米，吃得我牙都快硌掉了。”说完，他还故意吐了一口饭在地上。

雷锋见了之后，转身拿来一份《解放军报》，心平气和地为大家读了一则新闻。这条新闻是有关于某军区部队节约粮食，支援国家建设，与人民共渡难关的事情。

听了雷锋读完的新闻，大家都没有说话。雷锋对大家说：“现在，咱们国家遇上困难了，全国人民都在与自然灾害作斗争。咱们作为军人，更应该与人民一起同甘共苦！大家想想，咱们连队每天每人节约一粒粮食，一年就是三万六千粒。如果全团、全军都这样节约的话，那该有多少啊？”

听完雷锋的话后，刚才那位发牢骚的战士，知道自己错了，满脸愧疚地离开了食堂。

有一次，雷锋去参加运动会。时值酷暑，太阳毒辣辣地照射着大地。雷锋顶着大太阳完成了运动项目，觉得又热又渴，准备买点汽水解渴。这时，他看见许多人排队买汽水，也掏出钱排上了队。过了一会，就快轮到他时，他突然看到供水站送来了开水。于是，他把钱收起来，准备离开排队的队伍。

一个战友看他走了，赶紧喊道：“雷锋，你不买了吗？”

他笑着说：“嗯，开水送来了，喝开水也一样解渴。”

那位战友听了他的话后，十分不解，接着追问道：“你说你，还没成家，干嘛这么省吃俭用啊？这一瓶汽水也花不了多少钱！”

“现在这生活比起我过去受的苦，实在是好很多，可我们不能好了

伤疤忘了疼！为了改变祖国贫穷的面貌，我们应该响应党中央的号召：艰苦奋斗，发愤图强。”

那位战友又问：“那你剩下来的钱，存进银行，都打算做什么？”

“准备支援国家建设啊。”

“哎，国家可不缺你那点儿钱啊！”

“俗话说得好，积少成多嘛！我们每人每天节约一分钱，你算算，全国一天节约多少钱？”

“哟，这账我可没算过。”

“咱们当了国家主人，不算这笔账可不行啊！”

那位战友见无法劝动雷锋，便不和他理论了。雷锋转身朝供水站走去。

“大粪夫”

对于“大粪夫”这个名号的由来，雷锋在日记中写下这样一段话：

“我看到厕所的粪池满了，立即动手把大粪掏了出来，虽然牺牲了自己一上午的休息时间，但是厕所里弄得很干净了。人家开玩笑的说我是一个大粪夫。我觉得当一个大粪夫是非常光荣的。1959年参加北京群英会的时传祥同志，不就是一个掏大粪的工人吗？我要是能够当一个这样的大粪夫，那该多荣幸啊！”

很多人都认为，掏大粪是一件又脏又累的活儿，可是雷锋却偏偏不这么认为。他认为，能当一个像样的“大粪夫”是一件很光荣的事情！由此看来，对别人给予的这个外号，一点也不生气，反而引以为豪。

雷锋当兵那段时期，国家经济还比较困难，很多机器设备都比较落后。大多数人都没有见过汽车，更不可能会开汽车。因为雷锋之前开过拖拉机和推土机，入伍后便被安排到运输连，负责开汽车。汽车兵懂技术，在部队里多少有些优越感。

当时，各个连队的粪池都有专门负责挑粪的连队来清扫。如果负责清扫粪池的连队忙不过来，就需要自己暂时先清理一下。

恰巧，运输连营地的粪池满了，负责掏粪的连队一时还无法赶过来清理。

“怎么办啊，不会让我们自己掏大粪吧?”

“我们可是汽车兵，怎么能干那种脏活呢?”

“对啊，每个连队有分工。我们还是等掏粪的连队来干吧!”

“就是，就是，不然这几天都吃不下去饭了!”

很显然，大家都不愿意去干这份脏活累活。雷锋低着头，一直没有发言。他在想：作为一名战士，就应该到困难的地方去，才能体现我们的价值。但是，现在大家都有情绪，估计没法劝。所以，只得我先去干，再带领大伙一块干。

◎时传祥——北京市崇文区清洁队工作者，被评为全国著名劳动模范。

主意打定后，第二天一早，雷锋便早早地起床掏粪去了。等战士们起床上厕所时，他们才发现，雷锋已经掏了好几担大粪了。他们看着脏兮兮的雷锋，又看看干干净净的厕所，心里十分感动。可是，要让他们心甘情愿地跟着挑大粪，还是有些困难。

晚上，雷锋召集大家一起开会。他给大家念毛主席的著作，做大家的思想工作。最终，大家打消了顾虑，决定第二天跟着雷锋一同去清扫厕所。

后来，雷锋又和大伙把大粪送到了附近的人民公社，支援他们建设农业。对于雷锋和战士们的这种"雪中送炭"的行为，公社的领导感动得不知道说什么好。

在鞍山长岭山脚下，有一座鞍钢的焦化厂。在焦化厂附近，有一个姑嫂城生产队。在这个生产队里，一直传颂着雷锋支援姑嫂城的故事。

那是一个极其寒冷的冬天的早晨，天空中飘着雪花，北风肆虐地吹着。在这样的天气里，谁都不愿意出门，大家都躲在屋子里围着火炉取暖。

可是，雷锋一大早就起来，准备出门拣粪。同样早起去鞍山办事的小叶，看见雷锋这么早就起了，觉得十分好奇，就偷偷地跟在他后面瞧个究竟。只见雷锋穿着厚大衣，拿着笤帚就出门了。

"雷锋，这么早去哪儿啊？这天怪冷的，不在屋里多睡会儿。"小叶在雷锋即将跨出门的那一刻追问道。

"我去街上拣点粪。"雷锋见是小叶，面带笑容地回答道。

"拣粪？拣粪干嘛啊？"小叶不解地问道。

"支援咱们附近的姑嫂城生产队。咱们支部不是号召我们为生产队多做些实事吗？我这不是响应号召嘛！"

"可是这天也太冷了！"

"没事，正好可以锻炼一下耐寒的能力嘛！"说完，雷锋便出了门，一头扎进了风雪中。

◎鞍钢焦化厂新貌

小叶被雷锋的这股精神感染了。从此以后，天天早上和雷锋出门拣粪。他们在工厂附近挖了一个粪坑。等到捡来的大粪将粪坑填满了，雷锋和小叶就将大粪送到了姑嫂城生产队。一段时间过去了，雷锋和小叶前前后后送去的粪，一共有两千多斤呢。

姑嫂城对雷锋和小叶他们表示了感谢，并给工厂领导写信，表扬了他们俩。

捡大粪，虽然脏虽然累，但是能够为人民做实事，支援他们建设，雷锋的心里是甜的。

永远的100元存款

1961年9月9日，雷锋在储蓄所存了100块钱，工作人员为他办理了定期存款。一年后，存款到期。

1962年8月15日，雷锋因公殉职。100块钱的存款到期了，但雷锋却已离开人世。

根据当年为雷锋办理存款的工作人员回忆，雷锋开始来储蓄所的时候，很谦让，总是让其他人先办，自己等好久。储蓄所的几个工作人员对此感到十分奇怪。后来，雷锋经常来这里存款，时间长了，工作人员渐渐与他熟悉了起来。

◎雷锋储蓄所

据储蓄所的工作人员回忆，雷锋很爱存钱，他把每个月省下来的钱都存起来。有一次竟然一次性存了 100 多块钱，这在那个年代是一笔不小的数目。后来才知道，这些钱是雷锋在鞍钢时省吃俭用攒下来的。当时，他在鞍钢时的工资还算比较高的。

雷锋平时花钱很“吝啬”，但捐钱时却很慷慨。一次，他从储蓄所取出 200 块钱，捐给了一个新成立的人民公社。人民公社退给雷锋 100 元，他又把这 100 块钱捐给了辽阳灾区。

1961 年 9 月 9 日，雷锋最后一次来存钱，之后再也没来取过。雷锋因公殉职后，没有家人和亲戚，这 100 块钱一直没取出来。

1990 年，这一储蓄所改名为“雷锋储蓄所”。同时，抚顺市成立了“雷锋基金”，很多人都来积极捐款。当年帮雷锋办理手续的工作人员一次捐款 100 块，当时她的工资才 40 块钱。直到现在，她还在慷慨捐款，尽管她已经退休十多年了。

现在，雷锋的那笔 100 块钱存款还在银行，不同的是，由原来的 100 块钱变成了 200 多。2010 年，雷锋储蓄所和雷锋生前所在的部队以

“雷锋”的名义设立了一个爱心账户，用来帮助那些弱势群体。同一年，爱心账户就以雷锋的名义向青海玉树灾区以及西南旱区捐出了善款。

雷锋这笔最后的存款，以另一种方式延续、传播、弘扬着雷锋精神。

◎雷锋故居

第六章
与雷锋同行的人

雷锋啊，我的战友！你的生命，在我身上延续；你的热血，在我身上沸腾。

——“人民的好儿子”刘英俊

刘英俊，生于1945年，1962年入伍。1966年的3月，部队进行野营训练，战马受惊，刘英俊为保护6名儿童，勇敢冲上前去，英雄献身。

“雷锋班”

雷锋去世以后，曾和他生活在一起的战友们无比地怀念他，他们都为雷锋的突然离世感到惋惜。除了战士们，还有很多人一直挂念着雷锋。这些人，有的是雷锋曾经帮助过的人，有的是受过雷锋教育的小学生。有的人听说了雷锋的事迹后，特意来部队缅怀他……雷锋所在的部队常常应群众的要求，举办雷锋事迹展览。

战士们都明白人死不能复生，必须正视雷锋已经去世的事实。战士们知道比怀念更有意义的，是通过自己的言行把雷锋生前的精神延续下去，让雷锋永远活在人们心中。

雷锋的战友想，随着时间的流逝，雷锋是否会被人们淡忘呢？几十年后的人们，还会知道曾经有这样一名伟大的战士吗？怎样让大家永远记住雷锋——这位时代楷模的名字呢？经过雷锋生前所在部队政委的提醒，战士们想到用雷锋的名字来命名雷锋所在的四班。这样一来，即便现在四班的战士退役了，总会有一批一批新战士加入进来，每一位进入四班的战士都肩负着发扬雷锋精神、传承雷锋精神的责任，雷锋精神就可以得到继承和发展。

于是，在雷锋去世两个月以后，与他同班的战友们写了一封《雷锋班申请》，向党支部提出申请，希望把雷锋生前所在的班命名为“雷锋班”。申请书的内容是这样的：

党支部：

雷锋生前是我们的亲密战友。他虽然牺牲了，但是他那种先进的思想和光荣的事迹，永远留在我们的心里。我们决心以雷锋烈士为榜样，学习他对阶级敌人的刻骨仇恨，对党和毛主

席的无限热爱；学习他坚强的革命意志；学习他艰苦朴素，不乱花一分钱，处处注意节约，热情支持人民公社和灾区人民生活的高尚品德；学习他学习毛主席著作的苦钻精神；学习他对工作积极负责，坚决完成任务的模范行为。他的许多优秀品德和高尚风格都是我们永远学习的榜样。我们四班为纪念和发扬雷锋烈士的光荣事迹，经过热烈的讨论，大家一致表示，决心继承雷锋烈士的革命精神，把雷锋烈士的革命精神一代一代地传下去。为此，全班同志特请求上级党委和首长批准我们班为“雷锋班”的光荣称号。我们全班都有决心，一定要练好过硬本领，发扬硬骨头作风，无论什么时候都能拉得出去完成一切任务，处处给全连树立榜样，保持光荣称号，珍惜雷锋班的荣誉，决心做毛主席的好战士。

四班全体战士：张兴吉 王继学 陈庆林
田生绵 韩玉臣 乔安山
庞春学 蔡永海 于泉洋
1962 年 10 月 12 日于抚顺

这篇申请言辞恳切，我们可以从中看到四班战士追寻雷锋足迹的坚定信念。收到这封申请书后，上级领导非常重视战士们的请求，很快做出批复，同意授予“雷锋班”的称号，并由国防部转给沈阳军区。国防部鼓励四班战士和部队等同志一起学习雷锋的优秀品质。

雷锋的战友和上级领导的苦心没有白费，在雷锋逝世 50 年后的今天，全国人民乃至世界人民都没有忘记雷锋的名字。“雷锋班”的称号，毛泽东主席的“向雷锋同志学习”的题词，媒体的持续关注宣传……这些都对宣传雷锋事迹，弘扬雷锋精神起到了积极的推动作用。没有这些点点滴滴，我们无法像现在这般真切翔实地了解雷锋，无法一次又一次

◎刘英俊纪念邮票

地在神州大地上掀起学习雷锋的热潮。

雷锋身上具备的优秀品质是中华民族传统美德的集中体现。继承和发扬雷锋精神，是全民族的使命。亲爱的朋友，你如果有机会到“雷锋班”参观，在那里追寻雷锋的足迹，相信对任何一个人来说，都是一次精神的洗礼。

自 1963 年“雷锋班”成立以来，已经有 24 人担任过“雷锋班”班长，除第十任班长已过世外，其余都健在。

第一任班长现在已年过七旬，据他回忆，初次见到雷锋，是在雷锋刚入伍时。那天雷锋作为新兵代表，在大会上发言。由于当天风太大，雷锋拿着的稿子被风刮跑了，但雷锋一样完成了演讲，并表明自己要做毛主席的好战士的决心。

在第二任班长的印象中，雷锋是一个坚强不屈的战士，他做事时，要干就一定要干好。第九任班长目睹雷锋的节约箱、储蓄箱、针线包、理发工具等几件“宝物”以后，更加坚定了发扬光大雷锋精神的信念。第十八任班长表示，学习雷锋精神不容易，但持之以恒地坚持下去，就能从中领悟到莫大的幸福。第二十四任班长说进雷锋班是每个年轻军人

的愿望，自己是通过激烈的竞争才当上“雷锋班”的班长的。

2012年3月2日的《北京晚报》上，报道了一则“雷锋班”现任班长搀扶摔倒的老人，却被认作是撞倒老人的肇事者的新闻。“雷锋班”现任班长在开车途中看见一位老人摔倒后没人扶，忙停下车帮忙搀扶老人。老人却大声嚷着说，自己是被开车的给吓倒的。

前来围观的人越来越多，现任班长有口难辩。平时他本着发扬雷锋精神的态度，以老班长雷锋做榜样，多做善事，多行善举今天这一幕，让他感到委屈和不解。这时旁边有人看明白了，悄悄告诉他，碰上这种事，只能自认倒霉，给点钱了事。无奈，这位班长把自己身上的钱全部拿出来给了老人，让他去医院检查一下，老人这才不再言语。

回去后，现任班长把这件事汇报给团里，消息传开后，大家都议论纷纷。做好事还做错了吗？雷锋精神还怎么发扬下去？经过一番讨论，大家表示，碰上一次这样的人、这样的事，并不代表全都是这样。作为“雷锋班”的人，绝不能袖手旁观，冷眼相待。经过这次考验，“雷锋班”学习雷锋精神的信念没有动摇，而且更加坚定了。

雷锋精神的继承者——孙桂琴

照片中的小姑娘

在雷锋留下的珍贵照片中，有一张是大家格外熟悉的。那是雷锋在建设路小学当校外辅导员的时候拍下的。照片上，雷锋身边围着7个小孩，他们正在听雷锋叔叔讲革命的故事。其中，那个靠近雷锋帽檐的小女孩，叫做孙桂琴。她是建设路小学三年级的学生。当时，她才10岁。

拍照那天，个子小、胆子也小的孙桂琴，看到这种场面，既兴奋又害怕。最终，还是悄悄地躲到了一边。这一幕，正好被雷锋看见了。雷锋走过去，和蔼可亲地把她拉到自己身边，亲昵地摸了摸她的头。由于她个子矮，雷锋就找来一块砖头，垫在她的脚下，刚好够到他的帽檐。孙桂琴瞪着大大的眼睛，认真地听雷锋讲故事。就在这一瞬间，闪光灯一照，这一温馨的时刻成为永久的纪念。

那时的孙桂琴身体弱，常常生病。雷锋便将她列为自己重点辅导的对象之一。只要有空，雷锋就找到孙桂琴，陪着她到操场上锻炼身体，增强她的体质。他不止一次地向孙桂琴传授保护身体的重要性和锻炼身体的方法。经过雷锋的悉心辅导，孙桂琴的身体渐渐强壮起来，性格也变得活泼开朗了。这样的转变，让雷锋十分欣慰，也让孙桂琴对雷锋更加的喜欢和信任。之后，不管遇到任何难事，孙桂琴都喜欢找雷锋，寻求帮助。

孙桂琴从来没有想过，自己和一位伟大的战士结下了缘分。这种缘分深深地影响了她的一生。不过，她至今也忘不了听到雷锋叔叔牺牲的消息那一瞬间。

孙桂琴清楚地记得，那一天是 1962 年 8 月 15 日，也是学校正式开学的日子。学校领导派她和三名少先队员到部队去请雷锋叔叔来参加开学典礼。没想到，走到半路上，就听说雷锋叔叔出了事故，不幸牺牲了。那一刻，她的眼泪就不由自主地往下落，怎么也止不住。她不相信这是真的，赶紧跑到雷锋所在的部队驻地问个明白。当部队的人证实了这个消息后，孙桂琴“哇”的一声就号啕大哭起来。

“到祖国需要的地方去”

她内心喜欢和尊敬的雷锋叔叔就这么不辞而别了。这让孙桂琴小小的内心遭受了不少打击。从雷锋的追悼会上回来后，孙桂琴心里暗暗发誓：一定要以雷锋叔叔为榜样，多做好事！

孙桂琴初中毕业，就赶上了一个风风火火的年代，当时的知识青年都时兴上山下乡。作为矿工子女的孙桂琴，自然是更应响应号召。此时

◎响应祖国号召“知识青年上山下乡”

此刻，她又回想起雷锋叔叔曾经说过的话：到祖国最需要的地方去！

孙桂琴决心响应祖国的号召，到年轻人应该去的地方。最终，她选择了到农村去。这一年，她才 17 岁。

农村，对她而言，是一个充满着新奇的地方。那里的山山水水和乡土人情吸引着她。同时，那里的辛劳和苦难也锻炼着她。很多农活，孙桂琴没有听过、见过，更别说是干过了。她当时还算一个没成年的孩子，身上没有什么力气。在播种花生这样的农活上，孙桂琴吃尽了苦头。她弯着腰干了一天，最后累得腰都直不起来。但是，孙桂琴没有喊累，她一直坚持不懈地苦撑着。时间长了，这位从城里来的姑娘，也逐渐习惯了农村的生活，渐渐地赶超了其他的青年，与当地的村民也打成一片。

“时时刻刻向雷锋同志看齐”

1969年，中苏两国关系开始紧张起来。在农村生产队的孙桂琴立马向党组织递交了申请书，表达了想要参军入伍，保家卫国的决心。只要一想到能和当年的雷锋叔叔一样，扛起刀枪，保家卫国，孙桂琴的内心就止不住地激动。

在等待党组织批准的日子，孙桂琴收到了雷锋班寄来的一封信。战士们在信中，向孙桂琴介绍了部队备战的紧急情况，表达了人人保家卫国的急迫心情。看完那封信，孙桂琴心情越发地着急了。

经过一番努力，孙桂琴的理想终于实现了。更让她高兴的是，她被分到了雷锋生前所在的连队。不过，她没有如愿以偿地上前线，而是当了一名电话接线员。这让孙桂琴心里多少有些失落和灰心。由于她并不喜欢这项工作，因此一开始她并没有热情耐心地对待这分工作。

不过在不久之后，她认识到自己以前的想法不对。自己已经实现了当兵的愿望，而且还留在了自己最敬爱的雷锋叔叔生前所在的连队，自己应该感到幸福才是，可她却怠慢了工作。这时，她回想起雷锋叔叔当年说过的话，要跟着党走，党指向哪，就打到哪。孙桂琴意识到自己的错误后，赶紧调整了心态。之后，她在接线员的岗位上兢兢业业地工作，受到了战友和领导的一致好评。听到领导的夸奖，孙桂琴不好意思地说：“这是我应该做的。我要时时刻刻向雷锋同志看齐，实实在在地为人民服务。”

为了掌握更多的军事技术和为人民服务的本领，瘦弱的孙桂琴利用休息时间，走出机房，与男兵们一起练爬杆，修理通信设备和线路等。由于在学习的过程中遇到了不少困难，孙桂琴几次都想放弃，但转念一想，雷锋同志当年为了练习投弹技术，也吃了不少苦头，现在她放弃了，岂不是辜负了雷锋同志当年的教诲了？于是，她又鼓起勇气，将苦难一一克服了，最后的技术一点也不比男兵差。不久，孙桂琴便当上了

◎1969 年全民备战

电话班的班长。

也许是她的身体太差了，也许是她太劳累了，孙桂琴病倒了。医生告知孙桂琴，她得的是重度贫血病。在任何困难面前都不肯低头的孙桂琴自然不会向病魔屈服。经过一段时间的调养，孙桂琴的病渐渐有所好转，气色也相比之前红润了许多。

命运是公平的。虽然生病的孙桂琴不能再回到电话班，但恰巧这时国家要从工农兵中选拔一批大学生出来。孙桂琴正好被推荐到沈阳的中国医科大学里学医。也许是因为自己得了这个贫血病，孙桂琴最终选择了血液学专业。

“我是雷锋的学生，我做的还不够”

经过三年的寒窗苦读，孙桂琴最终由一名普通的战士，成为了一名出色的军医。毕业后，孙桂琴成了沈阳军区陆军总医院的一名血液内科大夫。在这个平凡的岗位上，孙桂琴将自己学到的知识，尽量地化为临床技术，帮助很多病人成功地恢复了健康。

这一做，就是二十年。

从医二十年的孙桂琴，一直兢兢业业地工作，履行着医生救死扶伤的崇高职责，赢得了同事、院领导以及病人的一致好评。这段期间，她曾多次被评为学习雷锋的标兵，并获得了沈阳军区颁发的“学习雷锋”金质奖章。这二十年来，她从没有忘记雷锋当年对她的教诲。她常说：“我是雷锋的学生，我做的还不够，我需要更加努力……”

有一次，她的科室迎来了一名年轻病人。这个不满 20 岁的小伙子，刚刚考上了炮兵学院。正当他在高兴之余，兴奋地为自己规划未来的时候，却被告知得了血液病，不能顺利地进入炮兵学院学习。当医生向他告知这一结果的时候，他感觉天突然之间就塌了，所有的憧景美好都瞬间消失了，留给他的只有伤心与绝望。

了解到这个患者的特殊情况后，孙桂琴格外地关注他。孙桂琴发

◎沈阳军区总医院新貌

现，这个小伙子的情绪十分低落。有时候，他一个人默默地站在窗口，不说一句话，一站就是一下午；有时候，他精神恍惚，无论谁跟他说话，他都完全没有反应……孙桂琴看到这种情况，知道这个小伙子遭受的打击不轻。如果这时候，没有人拉他一把的话，可能就真的毁了。

孙桂琴开始利用空闲时间，与这个小伙子聊天。她为这个小伙子讲雷锋的故事，讲自己的亲身经历，讲部队的生活，谈理想、谈工作……总之，能与小伙子讲的话题都试了一遍。小伙子一开始爱答不理的，后来渐渐地也不那么反感孙桂琴了。只是，他仍然不肯敞开自己的心扉，去正视自己的问题。

孙桂琴并没有放弃，她仍然对这个小伙子从生活和精神上给予关怀和帮助。她一直期待着小伙子健康的那一天。小伙子的家是外地的，家里的亲人一时间也赶不过来。孙桂琴就像一位母亲一样，给他买来许多好吃的东西。那年春节，很多患者都回家过年了，唯有那个小伙子不能回家，一个人冷冷清清地待在病房里。孙桂琴了解情况后，冒着风雪，带着自己包好的饺子，送到了病房。当那位小伙子看见热腾腾的饺子时，眼泪瞬间掉下来了。孙桂琴陪着他过了除夕，迎来了新的一年。小伙子十分感动，一直不停地说谢谢。孙桂琴笑呵呵地说："新的一年开始了，你也要打起精神来，树立与病魔抗争的信心，争取早日战胜病魔，重获新生。"

小伙子满含泪水，用力地点了点头。最终，小伙子的心魔解除了，病魔也渐渐远离了。小伙子康复了！

孙桂琴望着小伙子脸上又重新展现了笑容，也欣慰地笑了。

孙桂琴这一生，一直以自己是"雷锋的学生"为傲，时时刻刻谨记雷锋的教诲。同时，她也一直以雷锋为榜样，与雷锋一样，在平凡的岗位上做出了不平凡的成绩。

雷锋的优秀学生——陈雅娟

雷锋叔叔的袜子

雷锋和一个头戴蝴蝶结、系着红领巾的小女孩在一起看报纸的照片，相信很多人都见过。照片里的小姑娘名字叫陈雅娟，读小学时是学校里少先队的大队长。

1961 年 4 月 5 日，陈雅娟和她的班主任一起来到雷锋所在的运输连。向这里接待的首长说明了来意，想请解放军到学校担任校外辅导员。首长十分高兴，马上派出几名战士接受了这个任务。

陈雅娟发现雷锋叔叔也在这几名解放军战士中，她认识雷锋，之前她和几个同学去解放军驻地旁边的公园玩，常在这里碰到雷锋。雷锋担任少先队大队辅导员同时辅导陈雅娟所在的中队。

在雷锋做辅导员的时间里，同陈雅娟以及她们这些少先队员开展了很多有意义的活动。由于经常和雷锋接触，陈雅娟自己的进步也非常快。

雷锋经常带领孩子们去学校那片试验田，这里面有学生们自己种植的菜苗。他帮孩子们干一些重活，并且同一些同学一起浇水施肥。

雷锋十分关心孩子们的学习情况。当他知道陈雅娟在珠算上成绩不是很好，就主动找陈雅娟，告诉她一个好学生不能偏科，特别是一个少先队干部更应该在功课上起到带头作用，要全面发展自己。

雷锋可不是只是说说，他亲手做示范。打算盘的动作要领，是雷锋手把手地教给陈雅娟的。雷锋不仅在学校教她，还去她家里帮助她练习。

1962 年元旦，陈雅娟所在的班级来到部队，同部队的战士一起庆祝

◎照片中的小姑娘陈雅娟同志在“雷锋事迹大型原创摄影作品展”的现场。 (杨景武 摄)

元旦。联欢的地方就是战士的宿舍。孩子们和雷锋叔叔的战友一起跳舞，一起唱歌，雷锋叔叔还表演了快板。

陈雅娟和她的几个同学发现了雷锋叔叔的“千层底”的袜子。袜子补丁上面打补丁，上面的补丁都不知道缝了多少层。陈雅娟问雷锋叔叔这是什么啊。雷锋笑着回答她们：“这个是我的袜子，你们不要看它打了很多补丁，但是它穿起来十分的舒服。现在我们是建设新中国的时期，需要我们人人都要学会勤俭节约，并且将这种艰苦奋斗的精神传扬下去。”

“我长大了一定当一名女兵”

有一天陈雅娟她们来找雷锋叔叔，碰到一个解放军报的记者。这个记者是来给雷锋和孩子们照相的。雷锋看见陈雅娟来了非常高兴，和她热情地聊着天，笑着问她：“你喜欢当兵吗?”

“雷锋叔叔，我喜欢得不得了，我长大了一定当一名女兵。”

雷锋指着旁边拿着相机的记者说：“要是你长大了，就去沈阳找张叔叔，他一定会让你如愿当上女兵的。”陈雅娟将这句话牢记在心里。过了几年，她真的通过张叔叔，走进了人民解放军这个大家庭。

1962 年 8 月 13 日，陈雅娟和几个伙伴来到部队，向雷锋汇报暑假学习的情况，同时想邀请他参加开学典礼。8 月 15 日下午，直到典礼结束的时候，陈雅娟都没有见到雷锋叔叔。她们几个小伙伴一起跑到营地，在那里她们听到了雷锋去世的噩耗。

雷锋去世之后，很多人都来到陈雅娟的学校来参观、访问。陈雅娟在这个时候表现得异常积极，雷锋精神已经注入了她的内心，她热情地给来参观的人讲述着雷锋生前的事迹。

1968 年 10 月，陈雅娟在当年给她和雷锋拍照的叔叔的帮助下，终于梦想成真，穿上了绿军服。她要求自己到艰苦的岗位上去锻炼自己，就像雷锋要求来到鞍钢的时候一样。在部队的时候，陈雅娟和雷锋一样在周围的学校担任辅导员，她把雷锋精神传播给了下一代。

◎陈雅娟同志在“雷锋事迹大型原创摄影作品展”的现场，兴致勃勃地描述当年与雷锋在一起的情景。（杨景武　摄）

雷厉风行的办公室主任

1981年，陈雅娟从部队退役，转业回到家乡——雷锋当年辅导教育她的地方。

回到家乡后，抚顺市政府安排她到市烟草专卖局，担任办公室主任一职。多年的部队生活，让陈雅娟养成了雷厉风行的做事风格。

俗话说，新官上任三把火。走马上任后的第一件事，就是抓环境的卫生问题。在分配任务的时候，她把脏活和累活都留给了自己，把稍微轻松一点的活分给了别人，一点也没有领导的架子。她负责的区域是二楼的女厕所。这个厕所已经堵了好几个月了，脏水和污垢布满了地面。一走进去，就有一股难闻的刺鼻的气味扑面而来，让人闻了直想吐，地上也脏得下不了脚。换作别人，肯定掉头就走。但是陈雅娟没有在意这些，而是找来一些工具，一会儿捅水管，一会儿洗刷便池，一会冲扫地面……她在里面足足待了两个多小时，才满脸汗水地走出来。厕所被打扫得干干净净。

看到陈雅娟那么拼命地干着，大家都争先恐后地忙开了。一些原本对陈雅娟颇有微词的人，也着实被她一丝不苟的精神所折服。不一会儿，楼上楼下、走廊、办公室里面，都变得干干净净、整整齐齐。大家看着焕然一新的环境，心情也变得明朗起来。

那时，正值商品大冲击时期，投机倒把的现象屡禁不止，烟草市场十分混乱。烟草市场的整治工作迫在眉睫。大家一致认为，这项工作是一个烫手的山芋，谁也不愿意接手。作为办公室主任的陈雅娟主动请缨，带领周围派出所的警员，准备把这帮害群之马绳之以法。

办公室里有好心的同事提醒她，现在的工作多好啊，别给自己找麻烦了。可是，陈雅娟明知山有虎，偏向虎山行，毅然决然地开展起了工作。她仍旧记得雷锋叔叔当年对自己的教诲："哪里有困难，就往哪里去"，所以她毫无畏惧之意。她认为，既然问题已经出现了，就必须要

有人站出来解决。只有解决这个问题，国家和社会才能安定，人民的日子才会过得安稳。这个时候，怎么能只顾个人安危呢？

“我是雷锋的学生”

不过，困难还是铺天盖地地向她涌过来了。

一天，一个烟草贩子的小头目大摇大摆地走进派出所，趾高气扬地冲陈雅娟说道：“我，你认识吧？刚从监狱里面放出来，这次来的目的也没别的，只是希望你这个新任的女所长，高抬贵手，赏我们一口饭吃。”本来，这个小混混以为自己黑着脸就能吓住这个女所长，没想到他的如意算盘落空了。

小混混的话音刚落，陈雅娟重重地拍了一下桌子，带着几分怒气和蔑视的语气，冲着这个小混混说道：“你刚才说什么？让我给你留条后路！我看，你是找错人了吧？想唬我，没那么容易。我当兵几十年，经历过那么多的大风大浪，从没有向谁低过头。我告诉你们，别来这一套，我不会怕你们的。”说完，她一脸正气地拍了拍身上的制服，又指了指头上了帽子和帽徽，双眼充满正义地死盯着那个小混混。

小混混被陈雅娟身上散发出来的英勇气概镇住了，看到没有回旋的余地，他只好灰溜溜地走了。第二天，这个小混混带着几个手下，提着些礼物，又来到派出所找陈雅娟。

“所长，昨天是我有眼不识泰山，多有得罪，请您别往心里去啊！”小混混一边说着，一边让手下递上了礼物。

“怎么？改贿赂我啦？”陈雅娟眼皮都没抬一下，也没有接小混混递过来的礼物。

“嘿嘿，昨天真是对不住，希望您不要介意。还请您通融一下，为我们留条活路吧！”小混混最终还是说出了来意。

“我劝你们还是打消这个念头吧！我是不可能给你们这个机会的。”陈雅娟严肃地拒绝了这个无礼的要求。

这个小混混碰了一鼻子的灰，心里盘算好的小九九再次落空。他没有想到，这个新上任的女所长，软硬不吃，实在是让他头疼。后来，这个小混混非法倒卖烟草的时候，被陈雅娟逮了个正着。他手里的烟被全部没收，还被罚了款。这个小混混知道了陈雅娟的厉害，再也不敢做违法的事情。

经过陈雅娟的一番努力，凭着她的一身正气和一丝不苟的工作态度，换来了抚顺市场安定团结的局面。整个烟草市场的混乱局面也变得井然有序了。

有人问她，为什么这么拼命？她笑了笑，淡然地说道：“因为，我是雷锋的学生!”

被雷锋精神感染一生——展世荣

高个子女生的遗憾

如果能和心中的榜样合张影，你会把照片镶嵌在哪里呢？想想吧，站在榜样身旁的你，一定笑容灿烂，心里也许会有些许的紧张。许多年以后，再看看你们的照片，又会有怎样的回忆呢？

展世荣很幸运，她曾经与雷锋见过面。展世荣却说自己很遗憾，究竟是为什么呢？

展世荣小时候就读于抚顺市建设街小学，雷锋就曾经担任过她们学校的大队辅导员。为人热情的雷锋就像知心大哥哥一样，常常和同学们分享自己的故事。他告诉大家要有一颗热爱祖国、热爱人民、乐于助人、甘于奉献的心。

在学校，展世荣是少先队的大队委员，经常有机会和雷锋一起做活动。按理说，展世荣接近雷锋的机会非常多，可是她却没有一张和雷锋

的合影。这就是展世荣的遗憾之处。

事情是这样的，雷锋为大家做辅导工作的场面常常会被拍成照片，放在学校的学习园地展览。有一次，大家都围在雷锋身旁准备拍照。这时候，摄影记者提出让学生们根据身高调整自己的位置。同学们你看看我，我比比你，各自找到与自己身高差不多的同学站在了一起。结果，只剩下展世荣一个人，孤孤单单地站在了旁边。

记者举起相机，嘴里面喊道："那位高个子女生，麻烦你站到旁边去吧。"展世荣心中还在纳闷：是在说我吗？紧接着，记者伸手指着展世荣说："就是你，这位女同学。你的个子太高了，和大家站在一起比例不太协调，这次就别照了吧。"

结果，展世荣只好眼巴巴地看着大家和雷锋一起拍照。后来，展世荣也是因为同样的原因，被记者从人群中"摘"了出去。原本以自己身高为傲的展世荣，却因为个子太高了，而无缘与雷锋拍照。为此，展世荣又委屈又无奈。

心向雷锋

中学毕业后，展世荣参加了工作。虽然她没能和雷锋一起照相，但是心中始终念念不忘和雷锋叔叔一起做活动的情景，还不断用雷锋的话激励着自己。

工作中，展世荣积极努力、踏实肯干，经常帮助有困难的同志。大家都为身边有她这么一位热心肠的同事感到高兴。

不久后，展世荣被提升为退休职工管理办公室的主任。按照她自己的话说："我就是这个命，是一个照顾老人的命。当初雷锋同志就这样教导过我，看来这是命中注定了。"

从此以后，所有关于退休老职工的事情都归展世荣一个人负责。她总是面带微笑地接待每一位来访的老职工。在展世荣眼里，每个老职工都是自己的亲人，她要对大家负责。

再看看展世荣的工作日程表，每个月都安排得满满的，几乎看不到一个休息日。有时候，展世荣忙得没时间给自己过生日。可要是一问起老职工的生日，她竟然可以准确无误地报出年月日。可见，她把自己的心思全都扑在了工作上，把全部的爱都献给了老职工们。

在展世荣的管辖内有一位曾经当过兵的老人，名叫王铁琦。老人家中不慎起了大火，房子和物品全都被烧光了，幸好王铁琦没有受伤。

展世荣得知这个消息后，立刻坐车赶到王铁琦居住的新宾农村。王铁琦老人见到展世荣，就像见到了自己的亲人，他紧紧握住展世荣的手说："现在房子没了，啥都没了，这可叫我怎么办呀？"展世荣说："您不要难过，房子没了可以再盖，东西没了可以再置办。现在，您一定要保重身体，剩下的事情就交给我来办吧。"

没等天亮，展世荣就返回了抚顺。她向领导汇报了王铁琦老人的情况，并且带头组织厂里的职工为老人捐款捐物。在展世荣积极申请下，单位还特批给王铁琦老人500元的补助。

在得到领导的批准后，展世荣又不知疲倦地带领工人来到新宾农村，为王铁琦老人盖起了新房。当展世荣把单位的补助和大家的捐款拿给王铁琦时，老人激动得热泪盈眶，并感动地说："谢谢你啊！要不是你，我就无家可回了。"展世荣笑着说："为人民服务是我应该做的。"

"有这么一个好女儿"

有一位名叫于静一的老人，与展世荣情同母女。她们之间有着感人至深的故事。

于静一是一位天主教信徒，曾经在教堂做了40多年的修女。由于政治运动，于静一遭到了迫害，她住的房子被拆了，连多年攒下的积蓄也被没收了。从此，于静一只好和另一位修女挤在一间狭小的平房里生活。

展世荣得知于静一的事情以后，非常同情她的遭遇。平时，展世荣

经常到于静一家中探望。在单位分房的当口，展世荣多次找到单位领导，帮助于静一申请住房。

经过展世荣多次努力，终于帮于静一申请了一套宽大的住房。搬进了敞亮洁净的新房，于静一感动极了。当她把耶稣和圣母玛利亚的画像挂在墙上的时候，对来到家中做客的展世荣说："谢谢你对我的帮助，我真是无以为报啊！我的一生都相信博爱和善心，在你的身上我感受到了这一切。"说着，于静一泪流满面。

展世荣知道于静一没有儿女，就主动承担起照顾老人的重担。展世荣几十年如一日，无论刮风下雨，她总是按时来到老人家中打扫房间，还给老人洗衣服、做饭、陪她聊天。

每逢节日，人们都是合家团圆。展世荣怕老人感到孤独，就特意抽出时间陪老人一起过节。每到老人的生日，展世荣就会买来一个大蛋糕，让老人许下心愿。所有女儿为母亲做的事情，展世荣全都为于静一做了。周围的邻居都对于静一说："真为你感到高兴，有这么一个好女儿！"

于静一的身体不好，常年患有严重的心脏病。有一次，于静一突然心脏病发作，差点出了生命危险。在被送到医院抢救期间，展世荣始终守在于静一身边，寸步不离。看到动也不能动的于静一，展世荣急得直哭。

就这样，展世荣就像照顾小孩子一样，给于静一喂水喂饭，梳头洗脸。于静一开始大小便失禁，弄得浑身又脏又臭。展世荣就给她端屎端尿，还给她擦洗身子。见到日夜忙活的展世荣，旁边的医护人员对她说："这么孝顺你的母亲，真是辛苦你了！"展世荣擦了擦额头的汗，没有说话。

展世荣每天按时来到医院，为于静一送来亲手做的饭菜。她还花了不少钱为于静一买营养品。在展世荣的悉心照料下，于静一的病情一天天地好转起来。病床上的于静一看到不停忙碌的展世荣，感动地说：

“你是领导，是做大事的人，怎么能为我端屎端尿呢?”

展世荣握住老人的手，安慰老人。她说自己虽然现在身为领导，但永远都是雷锋的学生。雷锋把人民当作自己亲人的教导，她早已铭刻于心。这些都是自己应该做的。就在那一刻，老人知道，雷锋没有走远，依然留在人间。

像这样的事，在展世荣身上发生了不止一件。她曾经在医院日夜照顾一位年过花甲的老人。老人由于病痛不断地发出痛苦的呻吟，展世荣不但没有回避，而且还坐在老人跟前整夜地照顾着。医生见她的眼睛都出现了红血丝，劝她回家休息，她却没有走。直至老人病逝的前一天，展世荣依然守在病床前。后来，展世荣为老人办理了后事。老人家属感动地说：“你作为退管办的主任，真是尽职尽责。”

其实，展世荣不仅在老人遇到困难的时候，会伸手相助，在老人的退休生活安排上，展世荣也想得非常周到。每年夏天，展世荣都会组织退休老职工到外地旅游，让老人们开阔眼界。一路上，展世荣都会亲自带队，既要安排老人们的行程，又要保证他们的人身安全。从饮食起居，到观光游览，展世荣都能事无巨细地为老人们着想。有的时候老人脾气不好，时常会挑些毛病。展世荣就会像犯了错误的小学生一样，接受他们的批评。在听取完他们提出的意见后，展世荣就会马上改正过来。

几十年下来，展世荣从工作中总结了很多经验。她像雷锋一样，把每一次遇到的问题都记录在日记本中，将所有心里的感受都写成了故事。为新来的同事提供了很好的经验。

展世荣时刻把雷锋的谆谆教诲放在心上，在工作中时刻以雷锋为榜样。回想起当年没能站在雷锋叔叔旁边照相，展世荣笑了。现在，她已经对照片的事情释怀了。她知道，雷锋永远活在她的心里。她知道，自己已经把“雷锋精神”播种到了工作和生活中的每一处。

第七章

雷锋赞歌

雷锋之歌（节选）

贺敬之

就是这样，
雷锋，
你出发了……
　　——在黎明前的
　　一阵黑暗中……
你带着
满身
燃烧的血泪，

好象在梦中一样，
扑向
党呵——
温暖的
温暖的
母亲怀中……
……就是这样，
雷锋，
就是这样，
雷锋，
你站起来!
接受
“共产主义新战士”
——党给你的
命名。
……
你对党感激的
含泪带笑的目光……
你对新生活
如饥如渴的憧憬……
你青春的生命
在毛泽东思想的
冲天红光中，
升华……
升华……

你前进的脚步
在《毛泽东选集》的
光辉篇章——
那真理的
阶梯上，
　　攀登……
　　攀登……
　　你共产党员的
　　红心呵，
　　是何等的
　　纯净、透明!……
雷锋，
你是多么欢乐呵!
在我们灿烂的阳光里，
怎么能不
到处飞起
你朗朗的笑声
　　你稚气的脸上，
　　哪能找到
　　一星半点
　　忧愁的阴影
……
雷锋呵，
你虽然不是
　　在炮火连天的战场上

　　战斗冲锋，
在平凡的
工作岗位上，
你却是真正的
勇士呵——
　　你永远在
　　高举红旗，
　　向前进攻!
在我们革命的
万能机床上，
雷锋——
　　你是一个
　　平凡的，但却
　　伟大的——
　　永不生锈的
　　螺丝钉!
哪里需要
看雷锋的
飞快的
脚步!
　　哪里缺少
　　看雷锋的
　　忙碌的
　　身影!……
……呵，马上去

给大娘浇地——
　　现在
　　麦苗正要返青……
……呵，立刻把
自已省下的存款
寄给公社——
　　支援
　　受灾的农民弟兄……
……唔，快准备
给孩子们
讲革命故事——
　　明天是
　　队日活动……
……唔，必须把护送到家——
　　现在是
　　夜深，雨大，
　　路远，泥泞……
呵，雷锋!
你白天的
每一个思念，
你夜晚的
每一个梦境，
　　都是：
　　人民……
　　人民……

人民……

雷锋，你是
真正的
真正的
幸福呵!
　　你是何等的
　　何等的
　　聪明!
你用我们旗帜一样
鲜红的颜色，
写下了
你短暂的
却是不朽的
历史，
　　你在阶级的伟大事业里，
　　在为人民服务的无限之中，
　　找到了呵——
　　最壮丽的
　　人生!
你的生命
是多么
富有呵!
　　在我们党的怀抱里，
　　你已成长得
　　力大无穷!

……

你全身的血液，
你每一根神经，
　　都沸腾着
　　对祖国的热爱，

……

呵!这就是
这就是
一个叫做
“雷锋”的
中国革命战士的
英雄姿态!
　　这就是
　　我们的大地
　　我们的母亲
　　以雷锋的名义
　　给历史的
　　回应——
人呵，
应该
这样生!
　　路呵，
　　应该
这样行!……

1963 年 3 月 31 日

唱支山歌给党听

蕉　萍词
践　耳曲

1=A $\frac{2}{4}$ $\frac{3}{4}$

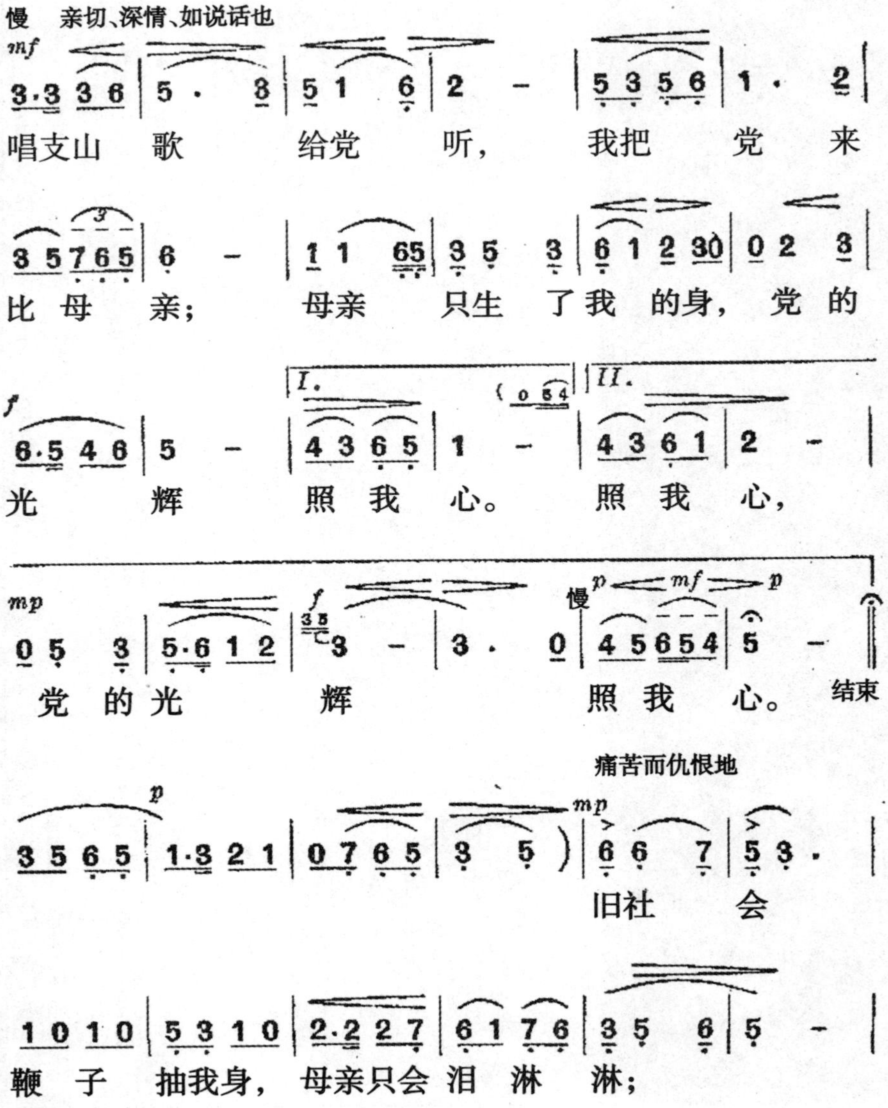

慢　亲切、深情、如说话也

唱支山歌给党听，我把党来比母亲；母亲只生了我的身，党的光辉照我心。照我心，

党的光辉　　照我心。结束

痛苦而仇恨地

旧社会

鞭子抽我身，母亲只会泪淋淋；

转快　激昂地

f

|: 1 1 2 | 3 – | 2 2 3 5 1 | 2 – | 3 . 3 | 5 0 3 0 |

共产　党　号召我闹革 命，夺　过鞭　子

ff

2 1 7 6 | 5·3 5 6 | 1 1 3 | 6 5 6 5 | 3 – | 6·1 2 2 |

揍敌人。共产党　号召　我闹　革　命，　夺过鞭子，

2·3 5 5 | 0 6 2 | 5 – | 5 5 0 :|| (5 6 5 3 2 3 2 7 | 6 7 6 5 3 5 |

夺过鞭子　揍　敌　人！

mf　渐慢

1·6 1 1 0 5 | 1 0 3 | 5 6 | 1 0 6 | 1 2) ||

从头反复

注：1.“共产党……揍敌人”这十六小节重复唱时，可用齐唱或轮唱，以助声势。

2.全曲还可作为齐唱，过门皆可省略。

雷锋与《唱支山歌给党听》

1958 年 5 月，党的第八次全国代表大会第二次会议提出了“鼓足干劲，力争上游，多快好省地建设社会主义”的总路线之后，全国上下掀起了贯彻总路线的高潮，诗坛也被搅得沸沸扬扬。这时，陕西铜川矿务局焦坪煤矿 27 岁的姚筱舟创作了一首 3 段 12 句的短诗。兴奋不已的他把署名“焦萍”的新作寄到省城，当年的 5 月 26 日，第八期的《总路线诗传单》上就刊登了他的这首诗。

不知从什么途径，雷锋在日记中摘抄了姚筱舟的这首诗，并进行了部分修改：唱支山歌给党听，我把党来比母亲；母亲只生了我的身，党的光辉照我心。旧社会鞭子抽我身，母亲只会泪淋淋；共产党号召我闹革命，夺过鞭子揍敌人！

雷锋牺牲后，《前进报》把这首诗当成了雷锋的日记发表出来，其他几家报纸也作了转载。

雷锋日记里的这首诗引起上海歌舞剧院朱践耳的注意，他特意把这首诗谱成通俗易懂、朗朗上口的曲调。朱践耳把新作寄到了《文汇报》。1963年2月21日，《文汇报》刊载了这首新歌。这首歌曲的首唱者是上海歌舞剧院的任桂珍，后来上海音乐学院声乐系的西藏学生才旦卓玛也唱起了这首歌。不久，中央人民广播电台向全国播放此歌，这便是《唱支山歌给党听》，才旦卓玛也一举成名。

附：雷锋大事年表

1940 年 12 月 18 日 出生在湖南省望城县安庆乡（现为雷锋乡）简家塘一户贫苦农民家里庭。因为这一年的农历是“庚辰”年，父母给雷锋的乳名取为“庚伢子”。

1947 年 父母双亲相继离世，兄长雷正德相继悲惨死去，雷锋成为一名孤儿。

1949 年 8 月 望城解放，安庆乡人民政府成立。此前雷锋曾为地下党散传单，贴标语，并担任过儿童团大队长，身扛红缨枪，站岗放哨。

1950 年 初土地改革开始，雷锋分得耕地 3.6 亩以及基本的生活用品：锅、箱子、床和蚊帐等。这之前雷锋分到两间半的房屋。

1950 年 夏安庆乡政府送雷锋到回龙塘小学。

1954 年 夏考入清水塘完小（后与荷叶坝完小合并，改名为荷叶坝完小），加入少年先锋队。

1956 年 7 月 15 日　从荷叶坝完小毕业。农业合作社刚成立，响应国家号召，主动要求回到农村。

1956 年 7 月 -9 月　雷锋在生产队当秋征助理员，负责征收公粮。

1956 年 9 月　在安庆乡政府当通讯员，负责送信、传话和接待等工作。

1956 年 11 月 17 日　到望城县委机关当公务员，工资为 23 元（后来长为 28 元）。

1957 年 2 月 8 日　加入共青团。参加望城县机关开办的干部业余文化补习学校，白天工作，晚上学习。

1957 年 10 月　担任望城县治沩工程指挥部通讯员，工作之余主动检查工程质量，治沩工程结束后被评为“治沩模范”。

1958 年春　响应望城县团委为县里购买一台拖拉机的号召，雷锋放弃购买一床新被子的打算，捐款 20 元，成为全县青少年捐款最多的一位。县委决定派雷锋学开拖拉机。

1958 年 2 月 26 日　来到团山湖农场，成为这里第一批职工，主要任务是学开拖拉机。

1958 年 3 月 16 日　发表的第一篇文章《我学会开拖拉机了》，刊登在县级报纸《望城报》上。

1958 年秋　到韶山瞻仰毛主席故居。

1958 年 10 月　由原名雷正兴改为雷锋。

1958 年 11 月中旬　从湖南长沙出发，坐火车经武汉、北京到鞍山钢铁厂参加社会主义建设。途中参观武汉长江大桥和北京天安门。

1958 年 11 月 15 日　进入鞍钢，在鞍钢化工总厂洗煤车间当推土机驾驶员。

1959 年春天　提前获得推土机驾驶员的“安全操作允许证”，并参加洗煤车间举办的职工夜校。

1959 年 8 月 20 日　鞍钢化工总厂决定在弓长岭矿山附近新建一个

焦化厂，雷锋积极报名主动要求到最艰苦的地方，最后被安排到焦化厂的新建筑工地。

1959 年 12 月 9 日　弓长岭的《矿报》发表雷锋《我决心应召》的申请书，表达积极要求参军的。。

1960 年 1 月 8 日　入伍第一天，雷锋作为新兵代表在全国欢迎新战友大会上发言。

1960 年 3 月　新兵连训练结束，雷锋被分配到运输连当汽车驾驶员。不久被抽调参加团里战士业余演出队。

1960 年 4 月　回到运输连，一个月后成为新兵中一名合格的汽车驾驶员，第一个进入到战斗班。1960 年 8 月参加上寺水库抢险救灾，因表现突出，雷锋荣获三等功一次。

1960 年 8 月　捐款 100 元给抚顺市望花区人民公社，支援刚刚成立的人民公社；把平时节约下来的 100 元钱捐寄给辽阳水灾区，支援灾区人民公社发展生产。

1960 年 9 月　雷锋被授予“艰苦奋斗节约标兵”。

1960 年 10 月 1 日　荣记二等功一次。

1960 年 10 月 10 日　开始担任抚顺市望花区建设街小学的校外辅导员，直至 1962 年 8 月 15 日牺牲。

1960 年 11 月 8 日　运输连支部党员大会通过雷锋的入党申请。

1960 年 11 月 9 日　工兵团党委在党委书记、政委韩万金主持下，召开党委扩大会议，批准雷锋为中国共产党党员。

1960 年 11 月 20 日　荣记三等功一次。

1960 年 11 月 23 日　沈阳军区工程兵政治部做出“在部队中开展学雷锋、赶雷锋运动”的决定。

1960 年 11 月 27 日　获得“模范共青团员”称号，被授予“学习毛主席著作积极分子”称号，雷锋作为立功代表在团党委的授奖大会上讲话。

1960 年 12 月 1 日　雷锋日记在沈阳军区机关报《前进报》首次摘抄发表。

1960 年 12 月　在《前进报》发表署名文章《解放后我有了家,我的母亲就是党》。

1961 年 2 月 3 日　应邀到海城驻军作忆苦思甜报告,与全国战斗英雄郅顺义亲切交谈。

1961 年 2 月 21 日　到吉林省四平市坦克兵某机械化团，向“学习毛主席著作标兵连”取经。

1961 年 5 月　作为全团唯一候选人，当选为辽宁省抚顺市第四届人民代表大会代表。

1961 年 5 月 14 日　被提升为副班长。

1961 年 7 月 31 日至 8 月 3 日　出席抚顺市第四届人民代表大会第一次会议。

1961 年 8 月　被提升为运输连四班班长。

1962 年 1 月 27 日　被批准晋为中士军衔。

1962 年春节　在《前进报》发表《62 年春节写给青年同志们的一封信》；

1962 年 2 月 14 日　被选为党代会代表，出席中国共产党工程兵十团代表大会。

1962 年 2 月 19 日　以特邀代表身份出席沈阳军区首届共产主义青年团代表会议，被选为主席团成员，并在大会上发言。

1962 年 5 月　被共青团抚顺市委评为抚顺市优秀校外辅导员。

1962 年 8 月 10 日　写下一生最后一篇日记。

1962 年 8 月 15 日　上午 10 时，在指挥战友倒车时，汽车左后轮撞倒一根战士晾衣服、晒被子的柞木杆子,不幸正好打到雷锋的头部，负重伤，经抚顺市望花区西郊职工医院抢救无效，于 12 时 5 分不幸牺牲，年仅 22 岁。